作者**杰拉德·扎克**是美国知名的会计、审计与舞弊专家，在这一领域拥有丰富的经验。他在书中向读者展示了公允价值应用的基本情况、这些应用在美国与国际会计准则之间的差异以及一些最经常采用的方法，尤其是当这些主题与财务报告舞弊风险相关时。

《公允价值会计舞弊——新全球风险与侦查技术》一书以非正式的口吻传递着深刻的洞察力，掀去了覆盖在一些重要且不断增加的条款上令人困扰的面纱，这些条款要求理解在确定并侦查公允价值会计舞弊的过程中所使用的各种方法。

杰拉德·扎克，扎克私人公司（Zack，P.C.）董事长，美国知名的会计、审计、内部控制与舞弊问题专家。他经常在美国注册会计师协会（AICPA）与注册舞弊检验师协会（ACFE）的会议与重要事件中发表演讲，也是《非营利组织中的舞弊与职权滥用：规避与侦查指南》一书的作者。

杰拉德 · M · 扎克　著
陈秧秧　译

公允价值会计舞弊

——新全球风险与侦查技术

FAIR VALUE ACCOUNTING FRAUD

New Global Risks & Detection Techniques

复旦大学出版社

谨以此书献给我的兄弟——Bill 和 Ray。我多么幸运，有这两位兄弟做我的表率。我一直钦佩并尊敬你们。你们是我最好的朋友。深爱你们。

目　录

前　　言

根据自己的所见所闻，你或许已经形成这样一种观点——随着2009年全球金融危机的持续恶化，公允价值会计与危机之间存在着以下一种或多种联系：

- 公允价值会计是导致危机发生的直接原因之一；
- 公允价值会计加剧了这场最初由其他因素导致的危机；
- 公允价值会计隐藏或掩盖危机长达数月之久，导致延误了对危机的初始应对；
- 公允价值会计与危机毫无关联，但将危机归咎于会计师确实十分有趣。

公允价值会计之于会计行业的意义，相当于你曾经在电视上见过的汽车广告：车辆绕着障碍赛跑训练场飞速竞逐，或因驶越一片坡地而高高弹起。关于其后果，却发出一份免责声明："这是封闭式训练场中的专业特技驾驶员。请勿在家尝试！"

公允价值会计并不属于"小心翼翼"的类型。它经常不精确。它令一些人不自在（这些人被称为审计师）。它涉及大量判断与估计。它也经常要求使用高度专业化的技术。而在涉及一系列判断与估计时，会计便更容易发生操纵与舞弊。

关于公允价值会计在当前经济困境中可能已经扮演的角色，是一个十分有意思的话题，但这并非本书的真正主题。然而，一个不容争辩的问题是，有关公允价值会计应用的会计规则相当复杂。这一复杂性显然已经导致会计规则应用中的前后不一致。尽管大部分不一致很可能出自诚实的错误，并且，有些时候是对规则缺乏理解。然而,有些不一致则可以毫无疑问地确定为蓄意为之。因此,未来几年中需对许多公允价值会计舞弊的情形作出限定。财务报告舞弊绝非新鲜事物。但是,财务报告舞弊技术会随着时间的推移而发生变化。可能削弱公允价值会计诸多优点的一个因素是:公允价值会计很可能成为今后一些主要财务报告舞弊类型的基础。

无论你支持公允价值会计的应用或厌恶之,规则的高度复杂性是绝大多数人已经形成的共识。2008 年 12 月,在一份关于美国应用公允价值会计的报告中,证券交易委员会(SEC)坚定地支持公允价值会计。SEC 甚至鼓励在财务报表中拓展公允价值的应用。然而,SEC 也告诫,当前急需更完善、更切实可行的指南,并且,有些公允价值会计准则需要进一步阐释与简化。从 2009 年 1 月开始持续至 4 月,财务会计准则委员会(FASB)已经采取一系列举措对 SEC 改进指南的指示作出回应。毋庸置疑,更多指南正处在开发当中。会计准则远未达到完美,但是,随着 FASB 与国际会计准则理事会(IASB)之间的合作不断向前推进,更多的一致性与更清晰的规则将很值得期待。

正是考虑到上述规则的复杂性,我选择以此书对公允价值会计这一主题展开讨论。美国的规则与那些承认国际财务报告准则的国家所采用的规则存在许多共同特征。当然,也存在诸多差异。

本书的目的在于提醒人们注意由以下两种情形引发的许多舞弊风险:(1) 在编制财务报表的过程中如何利用公允价值会计;(2) 公允价值会计的应用在美国与国际会计准则中存在何种差异。本书并未就如何开展估值给出指南,但向读者介绍了公允价值会计的总体应用情况与一些最经常使用的方法,尤其是这些主题与本书的主要关注点——财务报告舞弊风险——相关的场合。

本书的结构

本书由五个部分组成：

- 第一部分　公允价值会计舞弊导论
- 第二部分　资产基础的诡计
- 第三部分　负债基础的诡计
- 第四部分　其他公允价值会计舞弊问题
- 第五部分　公允价值会计舞弊的侦查

本书从第二章开始直至第四部分结束，均是分析舞弊诡计。每一类舞弊诡计均将通过一个以文字框标示的特定舞弊风险进行强调。我们为每一类舞弊诡计标注一个数字，数字中的第一部分对应相应章的序号。第二章与第三章中确认的舞弊风险属于宽泛的风险类型，可适用于有关公允价值会计应用的任何情形。第四章至第二十一章确认的风险则是与各章讨论的特定会计主题相关的具体风险。

在每一类舞弊风险文字框前后的段落中，均对会计规则的细节和每一类舞弊诡计如何违反会计规则进行解释。所有舞弊诡计均列示于附录 A 中，供读者查阅。

本书中缩写词术语表

从第二章开始，书中便采用许多首字母简略词与缩写词，现将使用最频繁的部分列示如下。每一个缩写词将在书中出现时进行解释。

AICPA	美国注册会计师协会
APB	会计原则委员会
ARB	会计研究公报
EITF	紧急问题工作组
FASB	财务会计准则委员会

FIN	财务会计准则委员会解释
FSP	财务会计准则委员会工作人员立场公告
GAAP	公认会计原则
GAAS	公认审计准则
IAASB	国际审计与鉴证准则理事会
IAS	国际会计准则
IASB	国际会计准则理事会
IASCF	国际会计准则委员会基金会
IFRIC	国际财务报告解释委员会
IFRS	国际财务报告准则(由 IASB 发布)
ISA	国际审计准则(由 IAASB 发布)
PCAOB	公众公司会计监督委员会
SAS	审计准则公告(AICPA 发布)
SEC	证券交易委员会
SFAC	财务会计概念公告(FASB 发布)
SFAS	财务会计准则公告(FASB 发布)
SIC	常设解释委员会
SOP	立场公告(AICPA 发布)

杰拉德·M·扎克
2009 年 4 月

致　谢

我要在很多事情上感谢 April,但需特别感谢的是你在我生命中特别艰难的时期所给予的爱与支持。言辞不足以表达我的感激与爱。

同时,我需要感谢 John Wiley & Sons 的卓越团队,特别感谢:

组稿编辑:汀姆・博加德(Tim Burgard)

制作编辑:丽萨・弗昂斯诺(Lisa Vuoncino)

高级编辑助理:海伦・周(Helen Cho)

正是你们,让我真正感觉这是一项团队努力。

第一部分

公允价值会计舞弊导论

在这一导论部分，介绍财务报表舞弊与公允价值会计领域中最重要的概念。为了理解如何展开公允价值会计舞弊的侦查，掌握以下几点是重要的：

- 理解每一类财务报表舞弊因何发生以及如何实施；
- 理解公允价值会计的含义及其在当今世界中的广泛应用；
- 了解与公允价值会计相关的若干核心概念，并对确定资产或负债公允价值的各种方法有基本理解。

此为第一部分的目的所在。在掌握上述基本要点之后，才能充分理解将在第二部分至第四部分中进行解释的公允价值会计的相关问题与舞弊风险。

1

财务报告舞弊与公允价值会计概述

1.1 财务报告舞弊引言

近年来,阅读报纸或者浏览晚间新闻的人应该已经充分认识到,发生在大型企业中的舞弊性财务报告已经严重到骇人听闻的程度。同样让人震惊的是小企业甚至非企业类主体如非营利性组织爆发舞弊性财务报告的频率。这一点可以从许多银行家与政府机构处得到确认。

在《美国2008年职务欺诈与权力滥用报告书》中,注册舞弊检验师协会(Association of Certified Fraud Examiners, ACFE)将舞弊性报告确认为三大欺诈类型之一(其他两类分别是资产挪用与贪污腐败)。这三类欺诈每年对美国造成的损失合计约为1万亿美元。可以肯定的是,财务报表舞弊并不仅仅发生在美国。

在ACFE跟踪调查的三类欺诈中,舞弊性报表发生的频率最低,在所研究的案件中仅占10%。然而,财务报表舞弊的后果却不容小觑。在这份2008年的研究报告中,因舞弊性报表导致的损失平均值为200万美元。与之相对应的是,该研究报告中资产挪用型欺诈引起的损失平均值仅为15万美元，由贪污腐败引起的损失平均值则为37.5万美元。

舞弊性财务报告可以通过许多不同的方式得以完成。这些方式又可以分为多种诡计，通过以下七类骗术中的一种或多种类型来实现：

1. 虚夸资产；

2. 低估负债；

3. 虚增收入；

4. 低估费用；

5. 制造时间性差异（即在多个报告期间内报告总收益是正确的，但是，通过提前确认收入，使某一期间的数字被高估而另一期间的数字被低估——这是一种预支未来以使今天看起来更好的舞弊形式）；

6. 错误地划分资产负债表的项目类型（通常，为改善流动比率及其他指标，将非流动资产错误地分类为流动资产，或者将流动负债错误地分类为长期负债）；

7. 实施披露舞弊（在财务报表附注中遗漏关键的披露内容，或者在披露中错误地阐述事实）。

在许多案件中，发生的舞弊行为远不止上述列表中的一种。譬如，高估收入经常与高估资产同时发生，但负债的低估也会引起收入的高估。

此外，财务报表不同要素的高估或低估可以通过多种方式实现。在某些情形中，资产或负债项目以恰当的方式进行逐一辨认并列示在财务报表中，但其金额被高估或低估了。而在另一些场合，整个资产项目或某一收入来源均由捏造而成。这是完全的虚构，而不仅仅是高估。还有一些时候，一项本应进行报告的负债被完全遗漏。

本书旨在讨论以故意误用公允价值会计准则的方式实施的财务报告舞弊。所有上述七类舞弊性财务报告均受公允价值会计的影响。本书的目的,在于解释公允价值会计规则如何被不恰当地应用于欺骗性地表述一个主体的财务状况或经营成果。

1.2 何谓舞弊?

编制不准确或不完整的财务报表绝非新鲜事物,其历史与财务报表本身同样久远。然而,编制误导性财务报表并非一类容易挑战的舞弊。为了使指控为财务报表舞弊的法律案件有效,必须证明以下两点:(1) 这些报表事实上已经违背其声称遵循的会计准则;(2) 此类不遵循行为是报表编制方有意为之。因此,为了确定舞弊是否已经发生,充分理解财务报表编制所涉及的会计概念是至关重要的。

观察任何经过审计的财务报表所附的独立注册会计师或审计师报告,审计师的意见并不是声明财务报表已公允表述。审计师所表达的是,财务报表在遵循一套特定的经正式制定的会计原则的基础上,在所有重大方面是公允表述的。在美国,这些原则被称为公认会计原则(Generally Accepted Accounting Principles)或GAAP。在许多其他国家,独立审计师所援引的是国际财务报告准则(International Financial Reporting Standards, IFRS)。无论财务报表发布于何地,审计师在意见中均须声明财务报表是依据哪一套会计与报告规则进行编制的。

欺骗审计师与其他阅读并依赖财务报表的任何人,使其相信报表的编制已经遵循一套特定的会计原则,而事实上财务报表中包含了对上述原则的明显偏离,这便是舞弊。

1.3 为何实施财务报告舞弊?

公司为何会出具舞弊性财务报告呢?首先,是人而非公司在实施上述舞弊行为。那么,单个人或一组人为何实施财务报表舞弊呢？原因有许多，且非常多样化。一些财务报表舞弊为舞弊实施主体带来直接的财务利得，譬如以下三种情形：

1. 因实现预定财务目标而授予的工资与奖金；

2. 因报告坚实稳定的财务业绩而引起公司股票与股票期权价值的增长；

3. 伪造特定部门、经营场所、生产线等在财务上运营成功以保住其工作机会，而这些机构本可能因其糟糕的业绩成为高级管理层的处置对象。

另外一些实施财务报表舞弊的理由相对不那么明显，可能并不涉及直接的财务利得。此类动机主要有以下六种①：

1. 来自高级管理层、董事会和外界如股票分析师实现盈利预期的压力；

2. 来自超越同行业中其他企业竞争的压力；

3. 为了遵循票据与债券上的债务性条款关于财务比率的约定，避免使债务工具陷入违约境地的压力；

4. 来自使贷款人确信公司值得投入新的贷款或者增加信用额度的预期；

5. 来自说服承保人该公司属于低风险主体的预期；

6. 来自使投资者确信将其资金投入该企业是一项有价值投资的预期。

有些财务报告舞弊是由一个组织的最高层实施的。高级管理层可能参与到某个精心策划的阴谋中，旨在从表面上改进财务健全性与公司业绩。而在有些场合，财务报告舞弊由一个组织中较低层次的员工实施。特定的经营部门或场所可能伪造其财务结果，而高级管理层对此并不知情或并未征得其同意。

一些财务报告舞弊的操作流程出人意料地简单：更改运输记录便可使下月的收入看似在本月已经赚取；创建虚假的客户记录和销

---

① 原文写作四种，疑为作者笔误。——译注

售订单便可令结果表现为已经出售了更多商品；销售人员可以在客户订单上签注比实际更早的日期，以将销售额转移至更早月份；仓库管理员可以在明知客户所订项目缺货的情况下，故意发送错误商品来加速收入的确认；财务人员可以修改供应商的发票，以将一笔对供应商的支付记录为资产而非费用。尽管上述方法中有些较难识破，但在总体上，操作方式均是相当简单的。

其他舞弊诡计则十分复杂。在改动实际文件后，可能还需伴随一系列复杂的会计分录以掩盖潜在的舞弊。或者大量人员涉入其中，并可能包括与公司职员共谋、协助实施舞弊的外部人士。

绝大部分涉及利用公允价值会计技术实施财务报告舞弊的事例具有两个特征：

1. 方法高度复杂（如果没有其他比公允价值会计规则还要复杂的理由）且构思精密；

2. 通常由高级管理层而非低层员工实施。

在 ACFE 的《美国 2008 年职务欺诈与权力滥用报告书》中，由董事长或首席执行官实施的资产挪用案件仅占 22%，38% 由职业经理人实施，余下 40% 的实施主体则为一般员工。

舞弊性报告的情形则与之相反：由董事长或首席执行官实施的舞弊性报告案件占 53%，由职业经理人实施的舞弊占 36%，一般员工的实施比例则仅为 11%。

尽管尚不存在正式研究报告支持以下结论，但本书的作者仍认为，若将研究集中于舞弊性报告中涉及公允价值会计的事件，统计数据则很可能更加明显地偏向于董事长和首席执行官（为舞弊实施主体的情形）。

此外，ACFE 还分析了与三大主要欺诈类型明显相关的行为表现方面的特征（behavioral red flags）。在评估主体遭遇每一类舞弊的风险时，这些行为性特征很有用。在财务报表舞弊方面，最经常提及五类行为性特征。这五类特征及其发生的比例分别如下：

1. 超出其限度的生活方式——41%；

2. 独断专行的态度——30%；

3. 财务困难——26%；

4. 控制问题，不愿意分享职权——25%；

5. 来自组织内部的过度压力——23%。

财务报表舞弊案件中还涉及其他许多种特征，但上述五类最为常见。（提示：百分比的合计数过了100%。这是因为，在许多情形中可以观察到多重行为性特征的发生。）

在上述列表中，前面四种行为性特征在其他两类欺诈（资产挪用与贪污腐败）中也较为常见。但是，在财务报表舞弊中观察到第五类特征的频率要远大于其他任何欺诈类型。来自一个组织内部的过度压力是特别针对财务报表舞弊的行为特征。这些压力通常表现在盈利和（或）收入数字方面，但也可以适用于财务业绩的其他计量指标中。

1.4 利用一项舞弊掩盖另一项舞弊

与职务欺诈相关的一个重要构成要素是掩饰。与许多暴力犯罪不同，绝大部分职务欺诈的实施者并不试图让受害者知道舞弊已然发生。如果舞弊为受害者所知悉，那么实施主体当然不愿意自己被确认为是那个实施舞弊的人。行骗者将会竭尽全力地掩饰其犯罪行为。

再回忆一下三种主要的职务欺诈类型：

1. 资产挪用；

2. 贪污腐败；

3. 舞弊性报告。

有时，财务报告舞弊可以作为掩饰资产挪用的方法来使用。公允价值会计舞弊或许正是实施此类掩饰行为的最佳选择。

让我们通过一个例子来解释上述过程。假设一家公司的首席财务官（CFO）已经通过虚构一位供应商而挪用了公司的资金。该

CFO 自己充作那位虚构的供应商,并已经以这位并不存在的供应商的名义提交虚假发票。该供应商据称提供了一种只有 CFO 才完全了解的服务,因此,该 CFO 无需经过其他人的仔细审查便核准了该供应商的发票。

问题是,该 CFO 长期以来一直采用这种方式侵吞公司的资金。所有的支付均进入了为数不多的费用账户,而现在其余额开始变得相当庞大,很可能超过了其他管理者或者外部审计师对此类费用账户应有余额的预期。

一种进一步掩饰其舞弊行为的方法可以通过公允价值会计诡计来实现。该 CFO 可能夸大公司投资组合的公允价值。出于计算多个财务指标如流动比率的目的,许多投资被划分为现金及现金等价物这一类别,因此,由舞弊性支付引起的财务状况恶化至少可以暂时地通过对投资项目实施公允价值舞弊进行掩饰。

该 CFO 甚至可能采取一个步骤来进一步掩饰其虚构供应商的诡计。面对某些费用账户在汇入舞弊性支付后余额超过预期的情形,CFO 可以通过一系列会计分录,将投资项目上的部分或全部虚构确认的未实现利得重新分类至费用账户,或者相反,由此实现费用账户的最终余额与预期更为一致。该 CFO 在进行重新分类即实施舞弊诡计时采取的部分逻辑是:许多(可能是绝大部分)管理层成员、董事会、投资者甚至审计师可能仅仅看重财务报表中各个报表项目的最终余额,并不会对基本交易的细节进行仔细审查。

该 CFO 的舞弊诡计能否得逞取决于许多因素,包括内部与外部审计师在履行其职责时采取的策略。但基本的事实仍然是,舞弊实施主体将会采取任何必要的措施来掩饰其舞弊行为。而有时,这又会涉及实施第二项舞弊以掩饰前者。

2

公允价值在财务报表中的应用

2.1 历史成本与公允价值

为了理解会计从历史成本基础的体系向大量依赖于公允价值会计体系的演进过程，首先需要回顾应计制会计本身在很长时期内的发展历程。

为了遵循世界范围内最广泛接受的会计准则，财务报表通常必须在应计制会计方法的基础上进行编制。但是，在许多场合，特别是在规模较小的企业中，现金基础的财务报告也是可以接受的，因为这类主体的财务报表用途十分有限——仅仅监督其财务活动或者向提供贷款的相关银行报告已经取得的收入状况。

在现金制会计下，收入在其收取时进行记录，费用则在其支付时记录。但是，根据应计制会计，收入与费用确认的时间安排则不相同。收入在其赚取时进行记录，可能早于也可能晚于实际收取资金的时间。类似地，费用与(或)负债在相应的利益已经获取时进行记录，譬如供应商已经提供服务或者商品已经收到。应计制会计是世界上通常使用的所有会计准则的基础，包括本书讨论的美国

GAAP 与国际财务报告准则这两大体系。

然而，即便是应计制会计也经历了诸多变迁，并且，此类变迁并不局限于公允价值会计应用的增加。何时应确认一项资产或负债这一概念便处于不断演变之中。一个最佳的例子是资产退回义务，即第十三章解释的主题。在开发当前的处理资产退回义务的准则之前，土地或建筑物的账面金额等于为取得该项资产所付出的金额，包括任何借入的款项。当时，为这类资产计提一笔额外的金额并为以后若干年内可能不会发生的成本计提额外负债的想法被认为是违背应计制会计的。这类例子很多。根据当前的规则，取消资产发送或退回资产所必要的成本在今天是必须计提的。因此，何时已经发生成本的完整理念随着应计制会计的演进而发生变迁。财务报表的其他许多要素也已经历类似的发展。

我们言归正传，继续讨论公允价值会计的应用问题。在会计发展的绝大部分历史上，财务报告以历史成本为基础，即外购资产按照为取得该项资产所支付的款项扣减相应累计折旧后的金额进行报告。其他资产与负债也采用类似原则，即在传统上按照所欠的票面金额报告。

与之相反，公允价值依赖于以下原则——资产应按照反映该项资产价值的金额，而非主体为获得该项资产所支付的金额进行报告。负债也类似，尽管许多负债的公允价值等于主体所欠供应商或银行的金额。

根据初步观察，公允价值对资产的影响可能大于对负债的影响。一笔多年前以 1 000 美元购入而当前价值为 100 000 美元的股票投资，采用公允价值会计与历史成本会计的效果是截然不同的。

支持与反对公允价值会计的争论已经持续多年。支持以当前的公允价值计量所有资产与负债的主要观点是：公允价值信息向绝大多数投资者与经审计财务报表的其他读者提供了具有最大价值的信息。较之历史成本会计，公允价值会计可以更及时地提供有关企业财务状况的当前图景。

支持以历史成本报告资产的观点是:成本数字极少带有主观色彩。与要求大量使用判断并经常必须利用特定领域专家工作的公允价值会计不同,历史成本会计通常是客观的,并容易进行验证。

然而,不论欢迎与否,公允价值会计应用增加的态势很可能持续下去。当前,美国与国际会计准则均大量采用公允价值会计。逆转这一概念似乎不可能。

2008 年危机已经演变为一场全球性经济衰退,许多人对公允价值会计是否应部分地受到责难、是否应暂停使用充满疑惑。当前一个基本的共识是:公允价值会计的使用应继续下去,尽管或许应作出一些澄清并增加披露。

2008 年 12 月,在《市值会计研究——遵照〈2008 年紧急经济稳定法案〉第 133 节的报告与建议》中,美国证券交易委员会(SEC)不仅鼓励继续使用公允价值会计,同时建议拓展其应用。该项研究根据国会在 2008 年 10 月制定的法律规定而展开,后者旨在恢复在经济衰退中遭受重大打击的金融机构部门的稳定。该项法律要求,SEC 必须对 SFAS 157 及其他准则中规定的公允价值会计条款进行研究,并仔细考察以下六个问题:

1. 公允价值会计准则对金融机构资产负债表的影响;
2. 公允价值会计准则在 2008 年银行失败中的作用;
3. 公允价值会计准则对投资者可获取财务信息质量的影响;
4. FASB 开发会计准则所采用的程序;
5. 修订公允价值会计准则的适当性与可行性;
6. 对 SFAS 157 及其他公允价值会计准则的替代性准则。

SEC 采取支持公允价值会计的立场,认为现行会计准则均已经过较长时期的充分因循程序而制定。立即中止公允价值会计(如某些国会议员所提议的那样)则是对因循程序的背离,并在事实上可能导致财务报告对投资者及其他使用者产生更大的不确定性。

SEC 在报告中建议,应对 SFAS 157 及其他一些包含公允价值会计要求的准则作进一步澄清与修订。同时,委员会认为,制定更可行且更有用的最佳实务指南及其他公允价值会计应用指南是必要的。

虽然 SEC 对公允价值会计使用情况的分析仅限于一组特定的金融机构，其结论则明显地指向所有适用美国公认会计原则(GAAP)的主体。

2.2 会计原则的资料来源

在美国，会计规则统称为公认会计原则(GAAP)。美国 GAAP 主要来源于财务会计准则委员会(Financial Accounting Standards Board, FASB)。然而，FASB 的前任(如会计原则委员会，Accounting Principles Board, APB)曾经发布许多文件，其中一些当前仍然适用。由 FASB 发布的文件包括财务会计准则公告(Statements of Financial Accounting Standards, SFASs)、FASB 解释(FASB Interpretations, FINs)与 FASB 工作人员立场公告(FASB Staff Positions, FSPs)。此外，FASB 内设的紧急问题工作组(Emerging Issues Task Force, EITF)也发布额外指南。

美国注册会计师协会(American Institute of Certified Public Accountants, AICPA)也曾经是美国 GAAP 中某些部分的制定机构。特别是 AICPA 发布的立场公告(Statements of Position, SOPs)在经过 FASB 认可之后，被视为美国 GAAP 的组成部分。

美国 GAAP 正在经历一个文件汇编的过程，并于 2009 年 7 月 1 日生效。在这一新的汇编体系中，无论是 SFASs、FINs、FSPs 或其他文件，各种来源的 GAAP 均将采用按主题范围组织的统一索引体系进行编排。这在结构上类似于美国审计准则汇编。在颁布新准则时，仍将继续使用连贯的准则序列号(如 SFAS 162、SFAS 163 等)。但是，每一份新出现的 GAAP 文件将随即汇编入该新体系中。

为了方便读者查阅，本书引用的是 GAAP 的原始资料。FASB 的 GAAP 汇编体系将提供原始准则序号与新索引体系之间的简易交叉索引。

国际财务报告准则(International Financial Reporting Standards, IFRS)是许多国家在编制财务报表时所采用的会计规则。这些准则由国际会计准则理事会(International Accounting Standards Board, IASB)发布。IFRS 中主要包括单份的准则(如 IFRS 1、IFRS 2 等)和同样采用连续编号形式的国际会计准则(International Accounting Standards, IAS)(IAS 的制定时间早于 IFRS,在经过 IASB 修订后仍可适用)。常设解释委员会(Standing Interpretations Committee, SIC)则以准则解释的形式提供额外指南,这些解释采用诸如 SIC 1、SIC 2 等连续编号的形式。

当前,将近 113 个国家已经强制要求采用或可选择应用 IFRS,并有多个国家处于转向强制要求遵循 IFRS 的过渡时期。在有些国家,股票公开交易的公司已经采用 IFRS,但非公众主体未采用。事实上,欧盟(European Union, EU)在作出一些次要的修订后,已经采纳了所有 IFRS。在非欧盟国家中,强制要求或者允许一些或所有主体使用 IFRS 的有澳大利亚、埃及、以色列、俄罗斯和瑞士。

加拿大已经正式批准一项计划,强制要求所有负有公共责任的主体自 2011 年 1 月 1 日开始或之后开始的财政年度遵循 IFRS。近期将采用 IFRS 的国家还包括如巴西这样的大国。

在美国,SEC 已经通过一项计划,强制要求在 SEC 登记的公众公司自 2014 年开始使用 IFRS,并允许一部分公司从 2010 年开始便可以采用 IFRS。2007 年,SEC 便已经采取相关规则,允许那些必须在 SEC 登记的非美国公司提交根据 IFRS 编制的财务报表,而无需将那些已经遵照 IFRS 编制的报表调整为按美国 GAAP 编制的报表。

根据 SEC 发布的 2008 年 12 月份报告中提供的估计数字,在欧盟、澳大利亚与以色列的交易所上市的公司市场资本化程度约为全球市场资本化程度的 26%。若同时考虑加拿大与巴西,那么,该比重将增至 31%。

因此,概括地说,世界正在逐渐地向一套统一的会计原则这一方向转变,人们对那些在世界各地经营的公司财务报表进行横向比较的能力将得到提高。然而,在此目标实现之前,使用者仍将困扰于各国会计领域的诸多差异。

2.3 美国 GAAP 与 IFRS

本书旨在提供有关美国 GAAP 与 IFRS 下公允价值会计舞弊风险的指南。因此,全书将对美国 GAAP 与 IFRS 之间的具体差异及其将如何加剧舞弊风险进行解释。但是,出于介绍的目的,读者需要了解美国 GAAP 与 IFRS 之间的三个关键差异:

1. 总体上,IFRS 中公允价值会计的使用情形要多于美国 GAAP,后者更多地依赖于历史成本。然而,随着近年来美国 GAAP 不断地将公允价值会计应用于更多领域中,这一差异已不再那么显著,但依然存在;

2. IFRS 下的会计准则制定方法更加偏向于原则基础,即只提出应予遵循的宽泛概念,概念的应用则留给管理层与审计师。这不仅仅出现在公允价值会计领域,所有 IFRS 均是如此。与之相反,美国 GAAP 倾向于更为详细的规则。许多准则起始于宽泛的概念,但最终发展为非常细致的规则,涵盖了如何将概念应用于特定交易类型的大量示例;

3. 即便在美国 GAAP 与 IFRS 对某一特定主题持有相同基本会计原则的领域,准则的应用过程也可能表现得非常不同。术语定义或用以评估问题的标准中一些细微但重要的差别可以导致会计处理产生巨大差异。

随着美国 GAAP 与 IFRS 在趋同路径上持续推进,观察上述差异如何消除将会十分有趣。

2.4 美国GAAP中新增的公允价值选择权

SFAS 159《金融资产与金融负债的公允价值选择权》将一个重要的新概念——公允价值选择权引入美国GAAP中。根据SFAS 159,主体可以选择对许多资产与负债项目应用公允价值选择权。选用公允价值选择权意味着,以前采用某一基础(如成本)计量的资产或负债现在可反复地(on a recurring basis)按照公允价值记录。

根据SFAS 159,绝大部分金融资产与金融负债可以适用公允价值选择权。金融资产将在第二部分作深入介绍,但通常包括现金、在其他主体中享有的股东(所有权)权益、应收款项及其他一些合同。只有少数金融资产与金融负债项目不能适用公允价值选择权,譬如在所有者被强制要求进行合并的主体中享有的股东权益、某些由员工福利计划产生的资产与负债、同租赁相关的资产与负债以及金融机构的活期存款。

对于资产项目,选择SFAS 159下的公允价值处理方式意味着,原先采用成本或公允价值孰低方式(即当公允价值降至账面价值以下时,可以进行非反复性的公允价值调整,而当公允价值增至账面价值以上时,不做任何调整)处理的资产将可以反复地按照公允价值进行记录。这意味着什么呢?这意味着,如果资产的公允价值上升至该资产的成本以上,财务报表中将确认一项利得,同时,将该项资产的账面价值调整至较高的金额。在历史成本会计下,公允价值降至账面价值以下的部分将予以记录,但绝不会记录超过账面价值以上的利得。

除了少数例外情形(如未采用权益法核算的投资),SFAS 159确立的公允价值选择权可以各项工具为基础分别适用。于是,在有些场合,财务报表上的某个单独报表项目可能是若干个工具的组合。其中,有些工具因作出SFAS 159赋予的选择而反复地按照公允价值进行记录，而另一些则采用历史成本或其他基础进行记录。一旦选择了 SFAS 159 赋予的公允价值选择权，这便是不可撤销的，除非新的选择日出现。

2.5 公允价值界定

SFAS 157《公允价值计量》将公允价值界定为“在计量日，市场参与者之间在有序交易中出售一项资产将能收取或转移一项负债将需支付的价格”。其中，术语“市场参与者”将关联方排除在外。

IFRS 则将公允价值界定为“熟悉情况的双方在公平交易中自愿交换一项资产的金额”。与美国 GAAP（由单份准则 SFAS 157 对公允价值作出统一定义的情形）不同，IFRS 对公允价值的定义与解释分布在几份准则中。然而，如前面已经指出的，当前 IASB 正在从事有关公允价值计量指南的征求意见稿工作。这被视为一份将与 SFAS 157 相对应的准则。

作为一个贯穿本书始终的术语，公允价值可应用于以下八种情形的任何一个方面：

1. 某一特定的资产项目；
2. 一组资产；
3. 某一特定的负债项目；
4. 一组负债；
5. 一项或多项资产抵减一项或多项相关负债后的对价净额；
6. 一个主体的分部或分支机构；
7. 一个主体的特定经营场所或地区；
8. 一个主体整体。

与 IFRS 相比，SFAS 157 为公允价值问题确立的指南更为广泛。美国 GAAP 中公允价值定义的四个要素有其特定含义：

1. 有序交易。即假设公允价值的确定以有序交易为基础。这便假定在计量日前的一段时间内存在市场敞口，允许就类似的交易进行正常的、合乎惯例的市场活动。有序的销售不是基于清算或其他困境而强迫实施的销售。以下迹象则可能表明强迫交易的存在：

a. 为了紧急处置一项资产，不存在以正常方式在市场上出售该资产的充分时间；

b. 仅仅存在单独一个潜在的购买者或非常有限的一组购买者；

c. 基于合同条款、法律或规章制度，法律上要求出售一项资产。

确定一项交易是否有序（进而取得潜在可靠的信息来源）或无序（进而不能确定公允价值）必须经过判断。因此，这可能是一个与公允价值会计舞弊相关的管理层故意错误表述或隐瞒信息的潜在领域。2009 年 4 月，FASB 以工作人员立场公告（FSP FAS 157-4）《当资产或负债的交易量与活跃程度明显降低时公允价值的确定以及非有序交易的识别》的形式，为确定销售是否有序提供了额外指南。

舞弊风险 No. 2.1

以其他已知的交易为基础确定公允价值，但所参照的交易并非“有序”交易。

2. 主市场或最有利市场。SFAS 157 下的公允价值概念假设出售一项资产或转移一项负债的假想交易将发生于此类交易的主市场中。这意味着对于所讨论的资产或负债，该类市场具有最大的交易量。如果不存在此类主市场，那么应考虑最有利市场。在最有利的市场中，可以将出售讨论中的资产所能收取的金额最大化，或转移讨论中的负债所需支付的金额最小化。第三章将对活跃与非活跃市场作进一步讨论。

3. 交易成本与运输成本。在确定公允价值时，不应考虑交易成本，即与出售资产或转移负债相关的增量直接成本（如佣金）。

然而，如果把一项资产运抵主市场或最有利市场将抵减该项资产上的最高实得金额，那么，在确定该项资产的公允价值时，应考虑运输该资产所发生的成本（即运输成本应从销售总价款中扣除，而交易成本则不需考虑）。

4. 资产的最大限度使用与最佳使用。在应用SFAS 157 确定一项资产的公允价值时，应将资产的最大限度使用与最佳使用情形适用于评估过程中。这类使用方式可能不同于资产持有者当前对该项资产的使用方式。最大限度使用与最佳使用意味着在物理上可能、在法律上许可并在财务上可行的使用方式，以市场参与者（即那些将可能购买该项资产的人）对该项资产的最大限度使用与最佳使用为基础。确定何种状态下资产已处于最大限度使用且最佳使用状态，可能也要求经过判断。这意味着，这可能是在公允价值会计舞弊诡计下容易发生管理层操纵的另一个因素。

舞弊风险 No. 2.2

为了夸大公允价值的估计值，错误地表述一项资产的最大使用程度或最佳使用状态。

尽管美国GAAP与IFRS在界定公允价值时采用的基本术语十分相似，但仍存在三处细微的区别，归纳如下：

1. SFAS 157 明确界定公允价值为脱手价格，而IFRS下的公允价值定义并未明确表示为脱手价格或买入价格；

2. SFAS 157 明确提出并界定了“市场参与者”这一术语，而IFRS使用了更为宽泛的术语“公平交易中熟悉情况的自愿双方”；

3. 在负债的公允价值方面，SFAS 157 以假设负债“转移”为基础（即该项负债继续存在，但当前由该项负债转移交易中的交易对手方承担责任），而IFRS下的定义则以负债可能据以“结算”的金额为基础，这意味着除了将该项负债转移给第三方这一情形外，可能包含与当前交易对手方进行结算的情形（如供应商、贷款人等）。

这并不是一些重大的差异。FASB 与 IASB 阐述的公允价值基本概念是类似的。当前，IASB 正在致力于公允价值定义的修订工作。这将很可能使 IFRS 下的定义更加接近于美国 GAAP 下的界定。在下一节“国际趋同”部分，将对此作出更详细的讨论。

2.6 国际趋同

上文描述的 SFAS 159《公允价值选择权》可以视为国际趋同进程中的一项成果。如其名称所表明的，“国际趋同”是一项旨在消除世界范围内使用的会计原则中诸多差异的过程，促进不同国家所发布财务报表之间的可比性。FASB 与 IASB 已经展开并将继续合作，使两套会计准则尽可能地相互一致。毕竟，当美国 GAAP 最终从在美国公开交易的公司猛然移开时，人们希望这一转变将能平稳些，尽量避免发生大量调整。

2008 年 6 月，FASB 与 IASB 宣布更新其在 2006 年签署的国际趋同项目理解备忘录。自 2006 年以来，FASB 与 IASB 在开发准则方面一直密切合作。在 2008 年的理解备忘录更新中，双方宣布计划在 2011 年底前完成所有的主要联合项目。当前共有十一个主要的联合项目，其中七个项目已经完成或取得了重要进展，余下四个则处于不同的讨论阶段。

SFAS 157 可以作为国际趋同进程中的另外一个例子。如前面部分已经解释的，SFAS 157 提供了有关公允价值概念的非常详细的路线图。该准则在披露方面的要求也十分具体。当前，IFRS 中没有可以与 SFAS 157 直接对应的内容，关于公允价值会计问题的指南分散于多份准则中，没有一份准则如 SFAS 157 那般详细或规定了可与 SFAS 157 相媲美的披露要求。

然而，这一情形不久便将发生改变。在本书出版之际，IASB 期望发布一份新准则的征求意见稿，作为它的 SFAS 157 版本。IASB 称在准备征求意见稿的过程中，IASB 将仔细考察 SFAS 157。IASB

计划仿照 SFAS 157,在其准则中采用一个三层次的输入变量层级。IASB 希望在 2010 年完成该份准则的制定工作。

在美国,另外一个经常提及的有关国际趋同问题是:所有非公开交易的主体将如何应对?截至当前,唯一已经作出规划的从美国 GAAP 向 IFRS 的转变均针对公众公司,这是 SEC 的强制要求。这令无数其他主体如私人持股公司与小型企业、非营利组织与政府机构考虑这样一个问题:它们将适用何种会计原则?对于这一点,美国似乎会采取以下四条最可能的路线:

1. IFRS 成为美国的 GAAP。这意味着公众主体及其他主体必须遵循 IFRS,非公众主体或许可以存在某些轻微的偏离(即当 IFRS 成为私人主体的准则时)。美国 GAAP 作为一套单独的原则将退出历史舞台。其他如现金制与税务制等综合性会计基础,则将作为 IFRS 的唯一替代选择而继续存在。

2. 对 IFRS 或适用于私营主体的 IFRS 进行某种程度的定制化处理,使之适应于美国的报告需求。

3. 保留一套单独的美国 GAAP,但需要进行修订。美国 GAAP 将继续作为一套单独的准则为私营主体所使用。

4. 作为一套适用于私营主体的单独准则,现行的美国 GAAP 版本将继续实施,并定期变革。

对于会计界而言,未来若干年应充满了趣味。美国 GAAP 拥有数量极大但彼此之间非常不同的使用者,每一类使用者均将希望保留或变革现行美国 GAAP 版本中的特定元素。

2.7 财务报表列报的若干原则

本书将为那些受公允价值问题影响的财务报表特定部分提供参考文献。在此之前,截至当前的内容,我们已经介绍了一些与第一章舞弊性财务报告及本章公允价值相关的关键概念。现在,我们了解一下一套标准财务报表的构成。财务报表通常由以下六部分组成：

1. 资产负债表。该表列示主体的资产，按类型分组，资产（余额）等于主体的负债与权益之和。在有些场合，根据主体的性质或采用的会计准则，资产负债表又被称为财务状况表或其他专业术语（如国际准则中采用了财务状况表这一名称）。资产负债表用于评价主体在某一特定报告日的财务状况。

2. 收益表。该表报告主体的收入、费用、利得与损失，报表的最后一个项目称为净收益。该表有时又被称为盈利表或采用其他名称。当会计准则要求将某个项目计入盈利或当期损益中时，意味着该项目需在收益表中进行报告。收益表报告主体在某一特定期间内的经营成果，从该表可以得到该期间内的损益情况。

3. 其他全面收益表。术语"其他全面收益"或"全面收益"是指除了与业主之间的交易外（主要包括业主新投入资金和向业主分派），所有活动引起的各项权益变动。简而言之，全面收益包括前面刚解释的在收益表中报告的净损益及其他特定活动。

4. 现金流量表。现金流量表是从现金来源与使用的角度描述一个主体在某一期间的活动。该表可以实现多种目的。其中一个目的是以现金流量来表述应计制下收益表和资产负债表中的其他变动，或称为对主体经营活动、投资活动与融资活动的现金制版本。

5. 权益账户变动的披露。会计准则要求对权益中的特定变动情况作出报告。在某些情形中，报告期间的净损益是权益的唯一变动来源。另外一些场合下，许多项目会对权益产生影响。因此，根据主体的性质、所遵循的准则甚至主体的喜好，权益变动可以作为一份额外的基本财务报表来提供，也可以作为一个单独的要素包含在另一份报表中，或者在财务报表附注中进行报告。

6. 财务报表附注。每一套完整的财务报表均包含一系列附注，用以解释在编制基本财务报表时采用的关键会计政策，并作出其他强制性披露。

在上述财务报表的每一项组成部分中，均存在以错误应用公允价值会计概念为基础的舞弊性财务报告的机会。本书将对高估资产、低估负债与舞弊性披露的各种可能性进行解释。

但是，此处还有必要介绍另外一类舞弊性质的报告，因为这一情形将作为一种舞弊风险在本书的几个章节中多次提及。在与公允价值会计应用相关的利得或损失方面，这类舞弊可以划分为四种情形：

1. 是否确认利得或损失；
2. 利得或损失的金额（在本书中也称为利得或损失的计量）；
3. 在哪里确认利得或损失；
4. 有关公允价值的解释性披露。

对于第一、第二与第四个问题，前面已经进行了介绍。但是，对于许多读者而言，第三个问题——在哪里确认利得或损失——可能并不熟悉。

在确认应用公允价值会计而产生的利得或损失时，财务报表中有两个领域可供选择：

1. 计入当期损益中，即在收益表（盈利表）上进行报告；
2. 作为全面收益的一个组成部分，即不视为该期间净损益的一部分，相反，作为权益的其他变动进行报告。

这一分类问题暴露了一项舞弊风险：当损失本应计入净损益时却潜在地作为全面收益进行报告，或者，当利得本应作为全面收益进行报告时却错误地计入净损益中。这为何构成一项风险呢？因为净损益将用于报告每股盈利，并构成许多其他财务计量如某些关键指标的基础，而非全面收益却不具有同等重要性。因此，即便相关的资产或负债项目已按照恰当的公允价值余额进行表述，对特定利得与损失进行有意识的错误分类仍会影响某些重要的财务计量。

将一项利得或损失报告于全面收益中，意味着该项目将不计入当期损益。在全面收益中进行报告的情形包括：

1. 可供出售投资的公允价值变动；
2. 现金流量套期中利得或损失的有效部分；

3. 债务性证券由持有至到期类型转换为可供出售类型所产生的未实现利得或损失；

4. 外币折算调整额；

5. 与养老金或其他退休后福利相关的特定交易。

上述列表中的前三类情形对本书解释的多个公允价值会计问题尤其具有直接意义。后文将对上述三个问题分别展开详细解释（见第四章、第五章和第十六章）。

在全面收益的报告要求方面，美国 GAAP 与 IFRS 相似但不完全相同。美国 GAAP 在 SFAS 130《报告全面收益》中对此作出阐述。IFRS 对这一问题的讨论则出现在一份更宽泛的准则 IAS 1《财务报表的列报》中，该准则主要解释所有财务报表的列报与附注披露要求。

修订后的 IAS 1 自 2009 年 1 月 1 日起生效，允许提前采用。该修订的 IAS 1 版本使 IFRS 更加接近于 SFAS 130 的要求。基于本书的目的，对美国 GAAP 与 IFRS 之间在财务报表列报问题上的差异进行细致分析在总体上并无必要。本书将重点关注受公允价值会计影响的财务报表特定要素方面的差异。但是，有兴趣的读者可以参阅修订后的 IAS 1 在"结论基础"部分对其中某些差异所作的讨论。

2.8 会计准则的生效日期

本书援引的准则通常对 2008 年及之后期间的财务报表生效，除非作出特别说明（如上节中提及的修订后的 IAS 1，并不要求在 2009 年之前强制遵循）。然而，本书中有几份准则是在新近生效的，或者准则本身在许多年以前便已生效，但近期进行了修订。因此，当你判断正在审阅的一套 2006 年度或 2007 年度财务报表是否存在舞弊问题时，需牢记一点，书中某几份准则尚未适用于这些报表。

在思考舞弊风险时，确定被评估报表所处的特定期间所适用的会计与报告准则十分重要。在评估五年前发布的财务报表中是否涉及舞弊问题时，不要将近期生效准则的相关要求强加上去。在怀疑是否存在舞弊的这一时点，可能距离财务报表发布当时已经过去多年。须牢记于心的一点是，将财务报表与调查期间所适用的准则相挂钩，而这些准则可能与本书描述的某些准则非常不同。这便是为什么在考察本书援引的任何一份准则时，首先须查看这份准则的生效日期。

2.9 舞弊对财务报表的影响

我们已经解释了财务报表的几个关键要素，接下来考察当舞弊引入财务报表中时将发生什么情况。具体而言，我们重点关注资产负债表、收益表与全面收益表。

表 2.1 中的财务报表表述了一个相对简单的主体，但该主体存在发生公允价值会计舞弊的机会。“公允表述”这一栏是主体根据适用的会计原则（GAAP 或 IFRS）应该列示的财务报表数字。“JE”这一栏则代表主体实施公允价值会计舞弊的会计分录。在本例中，“JE”栏表述的是一个由三部分内容构成的公允价值会计舞弊行为：

1. 第一部分记录由虚增有价证券的公允价值形成的虚假利得 $350 000；

2. 第二部分为未实现损失从投资收益划归至其他全面收益的舞弊性分类 $150 000；

3. 第三部分是以前期间记录的与无形资产相关的减值损失的舞弊性转回 $100 000（出于简化目的，假设该损失已被划分为经营性费用）。

同样出于简化目的，假设前述分录的所得税影响为零。

表 2.1　舞弊的影响

	公允表述	JE	虚假表述
资产负债表			
资产			
流动资产			
现金及现金等价物	1 100 000		1 100 000
投资——有价证券	3 500 000	350 000	3 850 000
应收款项	1 550 000		1 550 000
存货	2 150 000		2 150 000
流动资产小计	8 300 000	350 000	8 650 000
非流动资产			
投资	2 400 000		2 400 000
固定资产净额	12 550 000		12 550 000
无形资产净额	4 850 000	100 000	4 950 000
资产合计	28 100 000	45 000	28 550 000
负债与股东权益			
流动负债			
应付账款	2 600 000		2 600 000
应计负债	2 300 000		2 300 000
短期债务	1 300 000		1 300 000
流动负债小计	6 200 000		6 200 000
非流动负债			
长期债务	14 600 000		14 600 000
负债合计	20 800 000		20 800 000
股东权益			
普通股	1 000 000		1 000 000
资本公积	3 050 000		3 050 000
留存收益	4 350 000	600 000	4 950 000
累计其他全面损失	(1 100 000)	(150 000)	(1 250 000)
股东权益合计	7 300 000	450 000	7 750 000
负债与股东权益合计	28 100 000	450 000	28 550 000

	公允表述	JE	虚假表述
收益表			
收入与其他收益			
销售额	18 500 000		18 500 000
投资收益	500 000	500 000	1 000 000
收入与其他收益小计	19 000 000	500 000	19 500 000
成本与其他扣减项			
经营费用	11 300 000	(100 000)	11 200 000
管理费用	5 400 000		5 400 000

续表

	公允表述	JE	虚假表述
利息费用	1 200 000		1 200 000
成本与其他扣减项小计	17 900 000	(100 000)	17 800 000
所得税前收益	1 100 000	600 000	1 700 000
所得税费用	300 000		300 000
净收益	800 000	600 000	1 400 000
全面收益表			
净收益	800 000	600 000	1 400 000
证券未实现持有利得(损失)			
本期净利得(损失)	(300 000)	(150 000)	(450 000)
已实现净损失重分类至净收益	100 000		100 000
小计	(200 000)	150 000	(350 000)
全面收益	600 000	450 000	1 050 000

这项舞弊相当简单。举这个例子的目的在于解释即便是一项简单的舞弊,也可以对主体的财务报表产生诸多影响。首先,我们检验每一项舞弊行为对所涉及账户的影响:

1. 夸大的有价证券公允价值是原始余额的10%;

2. 未实现损失的再分类对资产或负债不产生影响;

3. 减值损失的转回低于经营性费用的1%,仅占无形资产的2%。

然而,对某些关键财务业绩指标的影响则更富有戏剧性。公司净利润骤增75%。这又转变为每股盈余——评价公司股票的一种关键计量方式——激增75%。

通过这一诡计,许多其他财务指标也得到改善。譬如,流动比率从1.338跃升至1.395。这看上去并不是很好,是吗?如果当你获知,该公司的债务性义务包含一项流动比率至少维持在1.35的条款时,你的观点是否会发生改变呢?任何低于这一流动比率的情形均会使该债务陷入违约的境地。

请记住,这仅是一个简单的例子。但是,这一简单的示例已经达到解释实施舞弊的潜在动机和财务报表舞弊的后果这一目标。

本书将在后面介绍更多更加复杂的公允价值会计舞弊类型。每一类舞弊均可能对用以评价主体与负责主体经营的经理人的许多财务指标与业绩计量产生深刻影响。

3

确定公允价值的方法

3.1 引言

本书的意图并不在于为公允价值的确定提供全面指引。相反，本书旨在引出现实中存在的大量复杂会计规则——可据以为各类资产、负债、收入与费用的计量作出公允估值的规则。在涉及舞弊性财务报告的情形中，上述规则经常被违背。

然而，若不对一些确定资产或负债公允价值的关键原则进行回顾，有关公允价值会计规则的讨论均将不会完整。毕竟，舞弊性财务报告可能涉及错误应用会计规则或估值方法，或二者同时被误用。

绝大部分公允价值计量采用以下三类确定公允价值的方法之一：

1. 市场法；
2. 收益法；
3. 成本法。

SFAS 157 对每一种方法都作了解释，本书将这些解释列示在下面的文字框中。如何为资产、负债或企业的估值提供详细指南并非本书的写作意图。相反，本书旨在概述这些模型，并将其作为理解何处存在公允价值会计舞弊机会的基础。同时,书中引入了若干关键理论,以帮助理解后文有关公允价值会计具体应用的讨论。

SFAS 157 确定公允价值的方法

SFAS 157 第 18 段,描述了三类公允价值模型:

a. 市场法。市场法利用相同或者可比的资产或负债(包括企业)在市场交易中形成的价格及其他相关信息。譬如,与市场法相一致的估值技术经常采用从一套可比参数中推导而来的市场倍数。市场倍数可能存在于每一个可比参数对应一个不同倍数所组成的区间范围中。选择恰当的倍数应处的区间,要求在考虑特定计量因素(定性与定量)的基础上作出判断。与市场法相一致的估值技术包括矩阵定价模型(matrix pricing)。矩阵定价这一数理技术主要用于债务性证券的估值,即完全不依赖该特定证券的市场报价,相反,取决于该证券与其他基准报价证券之间的相互关系。

b. 收益法。收益法是利用估值技术将未来的金额(如现金流量或盈利)转换为当前的一个单独金额(折现)。这种计量以上述未来金额的当前市场预期所揭示的价值为基础。这类估值技术包括现值技术、期权定价模型如布莱克—斯科尔斯—莫顿公式(Black-Scholes-Merton formula)(闭合式模型)、二项式模型(点阵模型)以及用于计量某些无形资产公允价值的多期间超额盈利方法。其中,前三项技术均涉及现值技术。

c. 成本法。成本法以当前重置一项资产的服务能力所需的金额为基础(经常称作现行重置成本)。从市场参与者(卖方)角度,由该项资产上所能收取的价格将基于市场参与方(买方)取得或建造一项具有可比效用的替代性资产的成本来确定,同时对折耗情况进行调整。折耗包括物理性损耗、功能性(技术性)折耗与经济性(外部)折耗,在范围上广于财务报告目的(对历史成本的摊销)或税务目的下的折旧(以特定的服务寿命为基础)。

SFAS 157 指出,该准则中的指南不适用于按照 SFAS 123 中的期权定价模型进行的以公允价值为基础的计量(参见第十八章对 SFAS 123 的解释)。

3.2 市场法

市场法利用相同或可比的资产或负债(包括企业)在市场交易中形成的价格及其他相关信息。如 SFAS 157 所指出的,采用市场法有时需要估计恰当的倍数或参数应处的倍数或其他参数的区间位置。这要求作出判断,并且必须将所有与所计量的资产或负债相关的因素考虑在内。其中,有些因素可以进行量化,但更为经常的是定性因素。

利用市场法的一个最重要优点在于这种方法主要以实际数据为基础。这类数据经常采用所记录的活跃市场中经过充分证明且公开可获取的价格形式,譬如活跃的股票交易市场中的价格。市场法采用的其他数据可能不像股票市场中的价格那样容易获取,但通常客观且有用,譬如特定主体、生产线、经营分部或场所的出售价格。

舞弊风险 No. 3.1

根据对市场中可获取的交易价格或其他参数区间范围的考虑,不恰当地得出有关资产公允价值的结论。

当然,市场法的一项重要潜在不足在于,某一特定项目经常不存在活跃的市场,或者,将所讨论的项目与市场中已知交易进行比较十分复杂。第四章将对先前活跃的市场演变为不再活跃的问题展开深入探讨。

经常出现的情形是,市场中存在已知的交易,但是,没有一项交易所涉及的资产或负债与我们需要估值的项目完全相同。作出这类比较的过程将会非常复杂。

3.3 收益法

收益法是利用估值技术将未来的金额(如现金流量或盈利)转换为当前的一个单独金额(折现)。公式中最经常使用的未来金额是现金流量、盈利或盈利的某一部分构成(如息税前盈利等)。对未来金额的考虑可以延伸至未来许多个期间,也可以仅为若干个期间。这要求做出许多判断。在有些行业或对于某些资产,具体的时间期间已经标准化。但是,在大多数场合,所需考虑的未来期间数仍是一个判断问题。

采用收益法确定的公允价值会因以下三个主要因素而发生变化:

1. 现金流量的金额——现金流量越高,价值越高;
2. 现金流量的时间安排——现金流量发生越早,价值越高;
3. 与现金流量相关的风险——风险越低,价值越高。

上述每一个因素均可以成为收益法下粉饰公允价值确定的错误表述对象。

在收益法的范畴内,估值专家经常运用三种截然不同的方法为企业或个别资产进行估值:

1. 折现现金流量法;
2. 资本化现金流量法;
3. 超额现金流量法。

舞弊风险 No. 3.2

通过使用不恰当的现金流量金额、操纵未来现金流量的时间安排或者采用不恰当的折现率等方式错误地应用收益法,由此得到不准确的现行价值。

下面对上述每一种方法进行解释。

3.3.1 折现现金流量法

折现现金流量法是收益法中应用最广泛的方法，主要涉及计算未来现金流量估计额的现值。这一方法可以适用于单独一项资产、资产组合、经营分部、地理区域或者公司整体。现金流量的估计可以局限于一个非常短的时间期间，或者，当收益流预计将永续存在时，在一个接近无限期的非常长的期间内进行估计。

收益法中使用的折现率代表投资者将会要求的回报率。该利率的确定需要考虑三个因素：

1. 不考虑任何风险的基本回报率，或者，投资者为交换其资金使用权而期望得到的回报金额；

2. 预计的通货膨胀率，相当于资金投资期间内购买力的预期贬值；

3. 预计未来现金流量在金额或时间安排上的不确定性风险。

上述每一个因素均要求经过判断与估计，这便容易引发以公允价值会计舞弊形式实施的潜在操纵。

3.3.2 资本化现金流量法

资本化现金流量法是折现现金流量法的缩略版。但与折现现金流量法不同的是，在资本化现金流量模式下，假定折现率与现金流量增长率均永久保持不变。

在折现现金流量模式下，可以单独为每一个未来期间的现金流量进行预测，而不是设定有关未来期间的特定增长率。于是，只要恰当，每一个未来期间的现金流量均可适用不同的折现率。譬如，可以考虑向相对未来更远期的现金流量分配比相对近期现金流量更大的不确定性，由此适用不同的折现率。

3.3.3 超额现金流量法

超额现金流量法，也称为超额盈利法，有时用于企业无形资产而非企业整体的估值。将超额现金流量法应用于无形资产的估值这一规定,可参见美国国内税务总署(Internal Revenue Service)颁布的《收入规定》(Revenue Ruling)第68—609条。超额现金流量法的基本步骤如下:

1. 确定主体有形净资产的公允价值;

2. 确定标准化的未来现金流量总额(非标准化概念稍后解释),并将这些现金流量分解为以下几个部分:

a. 归属于有形净资产的现金流量;

b. 归属于无形资产的现金流量,在金额上仅仅等于现金流量总额扣除归属于有形净资产现金流量之后的余额(即并不采用单独确定无形资产现金流量的方式)。

3. 确定恰当的有形净资产回报率(也称为加权平均资本成本);

4. 确定恰当的无形资产回报率;

5. 根据第4步得到的资本化率,确定无形资产的公允价值;

6. 加总有形净资产的公允价值与无形资产的公允价值,得到公允价值总额;

7. 从第6步得到的金额中扣除任何附息债务性义务,得到主体权益的公允价值。

为了恰当应用收益法,未来现金流量必须标准化(normalization)。标准化是指使所预测的未来现金流量最能代表对未来的预期这一过程。换言之,为了得到有关未来现金流量的尽可能真实的图景,可能需要排除某些曾经对现金流量产生影响且在估计未来现金流量时可能进行考虑的因素。譬如,为了将现金流量标准化,必须经常对一些并不反复发生的项目(如一次性支出)作出调整。

通常,相对于单个资产项目的估值,企业整体价值估计过程中的现金流量标准化需要考虑更多因素。在为企业整体估值时,可能需要根据多种所有权结构、资本化状况、债务、所得税及其他因素进行调整,而这在单项资产的估值过程中可能并无必要。

3.3.4 预期现金流量法

确定未来现金流量现值的第四种可能方法采取了一种不同的方式来计量风险。财务会计概念公告第七号(SFAC 7)《在会计计量中利用现金流量信息与现值技术》对这一方法即预期现金流量法作了描述。

在前面已经作出解释的三类收益法应用中,开发适用于未来现金流量的单一折现率时,需对与这些未来现金流量相关的多种风险进行考虑。预期未来现金流量法下的风险则采用了不同的处理方式。即风险不通过折现率来反映,而是为未来现金流量确定多重预期,并为每一个预期分配相应的发生概率。风险要素从折现率中消除,并主要依据预期回报率得到更为可靠的折现率。

采用预期现金流量法时,需根据每一个现值及其所分配的概率,计算预期现金流量的加权平均值。

3.4 成本法

用于确定公允价值的成本法以重置一项资产或资产的服务能力所需的成本为基础,再对该成本数字进行若干调整。对成本数字的主要调整来自折耗因素。

> **舞弊风险 No. 3.3**
>
> 在成本法下采用不恰当的重置成本估计值,或者,在确定公允价值的过程中,对折耗因素作出不准确的调整。

与成本法相关的较为明显的风险主要涉及重置成本的估计、对折耗的调整及其他任何相关因素。在有些场合,譬如近期以公允方式购入资产且与其型号相同的资产仍在出售中的情形,重置成本的估计可能相对容易。不经常发生的或客户提出设计、建造要求的资产,重置成本的估计则复杂得多,并可能要求从外部寻求协助。

针对折耗因素进行的调整可能非常容易,也可能非常困难。但是,这类调整与其他对初始重置成本的调整均容易成为舞弊的对象。

3.5 内部与外部开发的估值

公允价值可以通过内部或外部方式确定。在采用内部方式确定公允价值时,管理层应保证参与该过程的人员具备具体估值问题的恰当的专业技能。

外部开发的估值应由具备为特定资产、负债或企业进行估值经验的独立估值专家来实施。管理层应确认,外部估值专家在所需的特定类型估值方面具有相应的资质与经验,应检查推荐信并核查执照及证书。

但是,在另外一些场合,包括涉及公允价值会计舞弊的情形,管理层并不需要最好的估值专家。相反,管理层试图找到这样一位估值专家,即他愿意提供一份包含有管理层想要得到的财务报表中公允价值数字的报告。

放弃道德原则的管理层成员可能会竭尽全力地得到一份支持其所倾向的公允价值数字的报告,所做的一切均旨在欺骗可能质疑财务报表中某个特定价值的审计师与其他人士。支持公允价值会计舞弊的不恰当估值可以由内部得到,或者,可能来自于第三方专家。在涉及第三方估值专家时,舞弊性估值可能导致以下五类情形的发生:

1. 贿赂估价师。在最坏的情形下,为了发布一份支持其公允价值会计立场的估值报告,管理层可能会向外部人士行贿。这是该问题上最臭名昭著的不法行为,也是最难侦查的一类舞弊行为。

2. 利益冲突。如果主体或某位管理层成员与外部估值专家之间存在某种经过掩饰的财务或其他关系，那么，这位专家不处于独立地位，并且，其报告可能支持管理层所倾向的舞弊性估价。

3. 无意识的同谋。在前面两种情形中，估价师是舞弊的同谋，他（她）知道该项舞弊行为。在另一些场合，出于管理层施加的压力、管理层对信息的隐瞒、对管理层所提供虚假数字的信赖或者其他伎俩，第三方估值专家可能会无意识地提供支持舞弊的估值报告。当外部人士缺乏经验或者工作中疏忽大意时，这类情形最可能发生。

4. 冒充估值专家。另一种可用于实施舞弊的方法是由一位事实上并不存在的估值专家提供一份完全虚构的估值报告。这种方法类似于虚构供应商的诡计，虚构供应商是指舞弊实施主体通过提供虚假的证明材料而令该供应商似乎真实存在。

5. 修改报告。管理层可能已经安排并从受人尊重的专业估值专家那里取得估值报告，但该报告并不支持管理层所倾向的立场。管理层是否可能对这份由估值专家提供的报告进行改动，而使报告看上去似乎表明估值专家支持反映于主体财务报表中的舞弊性估值呢？于是，应对文本改动、缺页、新增报告内容或其他修改迹象展开仔细检查。

舞弊风险 No. 3.4

利用五项技术中的任何一种，得到一份有偏差的估值报告，以支持财务报表中使用的舞弊性公允价值计量。

除了最后一种情形中描述的明显修改迹象外，还存在其他一些估值报告可能出现瑕疵的征兆。这些瑕疵可能是舞弊的信号，而不仅仅是估价师的疏漏。此处列举估值报告中应予警惕的十种征兆：

1. 数学上与文书中的错误，包括相互之间前后并不一致的交叉引用、语法失误以及类似的疏忽大意；

2. 明显夸大并过度依赖积极因素，或者调低负面因素的影响；

3. 缺乏包含充分细节的报告，尤其是用以支持估值的数据细节（利率、现金流量假设等）和对所采用估值方法的描述；

4. 错误陈述专家的执照、教育背景与培训经历或证书——不要被专家名字之后的大量资历证书所愚弄——验证这些执照与其他证书的真实性；

5. 对特定类型的估值，采用有别于寻常的方法或未被普遍接受的方法；

6. 报告中未载明估值专家独立于主体这一声明形式；

7. 采用了可能的资产买方并不知悉的数据——须知，SFAS 157对公允价值的定义以市场参与者将为该资产支付的金额为基础；

8. 在非常短的时间内改变报告意见的证据——这可能表明估值过程并未投入许多努力，仅为满足管理层的迫切需要而快速地提供了这份报告；

9. 报告被删减和从其他报告拷贝的证据——我们曾经见过将客户名字标注错误的报告。显然，该报告是以"切蛋糕"（"cookie cutter"）的方式提供的；

10. 过度依赖数学与公式，不做充分的叙述性解释。

估值报告中应仔细核查上述警示性信号。仅仅由于公允价值得到了一份看似专业报告的支持，并不足以支持可以轻率地接受该价值数字的准确性。

3.6 估值方法的输入变量

SFAS 157 确立了一个可用于确定公允价值的输入变量层级。输入变量是为了得到公允价值而采用的各类数据。在有些场合，只有单独的一个输入变量是必要的。在另一些场合，为了得到公允价值，需要利用许多不同的输入变量。

输入变量可以划分为可以观察与不可观察两大类型。可观察输入变量反映市场参与者在为资产或负债定价时将会采用的假设，以独立于报告主体的来源获得的市场数据为基础。可观察输入变量主要包括以下七种：

1. 来自于相同证券的活跃市场中（如公开交易的股票与共同基金）的市场价格；

2. 相似资产或负债的市场价格；

3. 历史利率；

4. 历史通货膨胀率；

5. 违约率；

6. 在所记录的其他企业销售活动中使用的企业估值倍数；

7. 以平方尺（指面积——译者注）与所处位置为基础的不动产市场价格。

不可观察的输入变量反映报告主体内部基于该种情形下可获取的最佳信息，对市场参与者在为资产或负债定价时将会使用的假设所做的假设。以下三项均属于不可观察的输入变量：

1. 对未来现金流量、收入、费用、盈利及产量等的预测；

2. 自行评估的可用于特定项目估值（如估计自身债务的价值）的风险因素（如违约风险等）；

3. 其他对历史或可验证信息所作的推断，如增长率。

以市场参与者是否很可能取得这类信息为基础，一些输入变量可以归为可观察或不可观察的类型。譬如，对于市场参与者而言，执照、合同与其他协议的条款可能或不可能公开获得。市场参与者的可获得性会影响输入变量的分类。

SFAS 157 要求将确定公允价值时所使用的所有输入变量归入三个层次中的某一层。根据这份准则，财务报表必须披露在得到公允价值的过程中使用输入变量所处的层次。以下文本框对这些层次进行解释。

SFAS 157 关于输入变量的层级

SFAS 157 的第 24、28 与 30 段,解释了在确定资产与负债的公允价值时所使用输入变量的三个层次层级。

第一层次输入变量是指在计量日,报告主体有能力取得的相同资产或负债在活跃市场中的报价(无需调整)。资产或负债的活跃市场是指在该市场中,资产或负债的交易频繁且交易量充分,可以持续地提供定价信息。活跃市场中的报价是公允价值的最可靠证据。凡是能够获取活跃市场报价的情形,均应采用这类信息计量公允价值。

SFAS 157 指出,当报价不能代表公允价值时,不应使用第一层次的输入变量。

第二层次输入变量是指有关该资产或负债的可直接或间接观察的、除第一层次中包含的报价之外的输入变量。如果资产或负债具有特定的(合同性)条款,那么,对于该资产或负债的几乎全部条款而言,第二层次输入变量必须是可观察的。第二层次输入变量包括以下几种类型:

a. 活跃市场中相似资产或负债的报价;

b. 非活跃市场中相同或相似资产或负债的报价——非活跃市场是指,在此类市场中,该类资产或负债的交易并不多,价格并非为当前的即时价格或者价格行情在不同期间或商业主体之间(如一些经纪人市场)变动较大,或在这类市场中极少公开发布信息(如当事人市场);

c. 除了资产或负债的可观察市场报价之外的输入变量(如在常见的报价间隔期间可观察的利率与收益曲线、波动性、预缴速度(prepayment speeds)、损失严重性、信用风险与违约率);

d. 根据相关性或其他方式,主要从可观察市场数据推演得到或经其证实的输入变量(市场已证实的输入变量)。

第三层次输入变量是有关该资产或负债的不可观察输入变量。当不能获得可观察的输入变量时,公允价值的计量应采用不可观察的输入变量,即在计量日该资产或负债的市场活跃度十分低时(如果存在任何活跃性),允许采用不可观察的输入变量。然而,公允价值计量的目标保持不变——从持有资产或承担负债的市场参与者角度出发的脱手价格。因此,

> 不可观察的输入变量应反映报告主体自身关于市场参与者在为资产或负债定价时将会采用的假设所作的假设(包括风险假设)。不可观察的输入变量应基于特定情形下可获取的最佳信息进行开发,可能包括报告主体的自身数据。在开发不可观察输入变量的过程中,报告主体不需要为了获得有关市场参与者假设的信息而采取各种可能的努力。然而,报告主体不应错过无需过度成本及努力便可容易地获得的有关市场参与者假设的信息。因此,当无需过度成本及努力便可容易地获得信息时,应对开发不可观察输入变量时采用的报告主体自身数据进行调整,反映市场参与者将会采用的不同假设。

对第二层次报价及其他输入变量的调整应结合具体的资产或负债项目而展开。换而言之,为了得到该资产或负债的恰当公允价值,这些调整是专门针对任何第二层次报价或其他输入变量而设计的。对第二层次报价或其他输入变量的必要调整包括以下六类:

1. 资产或负债的状况;
2. 输入变量与资产或负债的可比程度;
3. 在观察得到输入变量的市场中交易量与活跃度情况;
4. 自观察得到交易或其他输入变量以来已经过去的时间;
5. 交易中涉及的工具条款;
6. 可能存在的与处于评估中的交易或作为输入变量使用的交易相关的任何交易及其性质(即该交易是否为相互关联的可能对输入变量产生影响的若干交易中的一笔)。

如果一项对第二层次输入变量的调整,从整体上对最终的公允价值计量是重要的,那么可以得出这样一个结论:根据确定该项调整的输入变量在公允价值层级中的层次,该项计量应划归为第三层次。譬如,如果采用重要的内部开发的调整形式对第二层次市场报价作出调整,那么,最终的结论很可能是作出这类调整所使用的输入变量属于第三层次。

3.7 IFRS 下的公允价值指南

如前面所指出的,IFRS 并未像美国 GAAP 那样对确定公允价值时所采用的方法展开详细讨论(虽然更为详细的指南将于 2010 年以终稿的形式发布)。IAS 39《金融工具:确认与计量》给出了关于公允价值技术的一般性指南。由于 IFRS 中的指南要求公允价值的确定需遵循以下四项原则,在总体上,IFRS 与美国 GAAP 是相互一致的:

1. 公允价值计量的目标在于确定在计量日由正常的商业因素推动的公平交易中的市场价格(即并非强制性交易);

2. 估值技术应结合市场参与者在设定价格时将会考虑的所有因素,应与普遍接受的相似金融工具的经济定价方法相一致;

3. 在应用估值技术的过程中,主体应采用与可获取的市场参与者在确定价格时将会采用的估计与假设信息相一致的估计与假设;

4. 对于不存在活跃市场报价的金融工具,初始确认时公允价值的最佳估计是交易价格,除非其他可观察的市场交易为公允价值提供了证据,或者,公允价值建立在变量均为可观察市场数据的估值技术之上。

3.8 市场证据的可获得性

对于资产项目,公允价值的最具有代表性的指示器是相同资产在活跃市场中的市场报价。在绝大多数场合,不必对该市场价格做进一步调整便可得到公允价值的可靠估计。

然而,如前面已经解释的 2008 年发生的一系列事件,市场会变化,曾经活跃的市场可以演变为不再那么活跃或完全不具有活跃性的市场。这些变化影响着主体如何得到公允价值的估计。

2008 年 9 月,SEC 根据经济衰退与市场动荡引发的困难处境发布了一份有关公允价值确定的指南(2008—234,参见附录 B)。在这份指南中 SEC 指出,当某一证券不再存在活跃市场时,利用内部管理层的估计确定公允价值是恰当的。这些估计应结合当前市场参与者对未来现金流量与相应风险溢价的预期。

换而言之,如果利用第一层次或第二层次输入变量的市场法曾经可行而现在不可行时,由于市场已经变得不再活跃,转向采用第二层次与第三层次输入变量的收益法是可以接受的。

当以管理层对现金流量的估计取代活跃(或者,更恰当地讲,先前活跃)市场中的报价时,公允价值的确定将依赖 SFAS 157 下不同的输入变量(第三层次而非第一或第二层次的输入变量)。但是,如 SEC 在指南中指出的,不可观察的第三层次输入变量可以比可观察的第二层次输入变量更为恰当,尤其是当必须对可观察的第二层次输入变量作出重大调整时。在有些场合,依赖各种来源的多重输入变量或许能够得到最可靠的公允价值估计。

2008 年 10 月,FASB 发布工作人员立场公告(FSP 157-3)《当金融资产所在市场不再活跃时其公允价值的确定》。该立场公告得出与上述 SEC 所发布指南相一致的结论。区别在于,基于 FASB 立场的公告适用于采用美国 GAAP 的所有主体,SEC 的指南则仅仅针对公开交易的公司而发布。

第二部分

资产基础的诡计

通常，资产基础的舞弊性财务报告诡计涉及以下七种方法中的一种或多种：

1. 虚构资产，将本应作为费用报告的支出资本化，或者利用会计分录（有时通过一系列复杂的分录）在账簿上构造一项资产；

2. 对于合法资产项目上公允价值降低至其已记录账面价值以下的部分，不计提减值损失；

3. 将本应计入当期损益的未实现损失错误地归入其他全面收益中；

4. 对于要求确认折旧或摊销费用的长期资产，不恰当地确定长期使用寿命，导致资产在账簿上保留较高的账面价值和更长的剩余使用期间；

5. 为了夸大主体的流动比率，将非流动资产错误地分类为流动资产；

6. 将本应计提折旧或摊销处理的长期资产错误地分类为不需计提折旧或摊销的资产，导致资产在账簿上保留较高的账面价值和更长的使用寿命；

7. 对于采用公允价值核算的资产，虚假记录利得。

上述每一类舞弊背后的动机是类似的——使主体在财务上看上去比实际情形更具有吸引力。事实上，公允价值会计在上述每一类诡计中均不同程度地发挥作用。

在解释具体会计规则和根据这些规则实施的舞弊之前，读者需要理解以下几个基本概念与定义。

资产可以分类为金融资产或非金融资产。通常，金融资产包括以下各类资产：

- 现金；
- 在其他主体中享有所有者权益（一项权益性工具）的证据；
- 赋予主体以下权利的合同：(1) 从另一主体收取现金或其他金融工具的权利（如交易性应收账款与应收票据）；或(2) 在潜在有利的条款下，与另一主体交换其他金融资产或金融负债的权利。

IFRS 对金融资产的定义还包括第四种类型：将会或可能以主体自身权益工具进行结算的某些合同。

非金融资产简单地定义为除了金融资产以外的所有资产。在本书的第二部分中，可能受公允价值会计问题影响的常见非金融资产类型包括无形资产、不动产与设备。

有些非金融资产被分类为流动资产，如存货。流动资产是指预期将在一年或主体的一个报告周期内实现（即转换为现金）的资产，或者主要为了交易目的而持有的资产（如某些证券）。其他诸如土地与无形资产等资产则分类为非流动性资产。

金融负债是指使一个主体承担以下义务的合同：(1) 向另一主体交付现金或其他金融工具的义务（如应付账款与应付票据）；或 (2) 在潜在不利的条件下，与另一主体交换其他金融资产或金融负债的义务。与金融资产的定义类似，IFRS 关于金融负债的定义也包含将会或可能以主体自身权益工具进行结算的某些合同。金融负债的例子包括应付账款、债务与应计负债。

除了交付或者交换金融资产或金融负债以外的其他方式，均可能满足非金融负债的条件。最常见的非金融负债是递延收入——在主体承担提供服务的义务之前已经获取的收益。

术语“金融工具”（无论根据美国 GAAP 还是 IFRS）是指使一个主体获得一项金融资产同时使另一主体形成一项金融负债或权益工具的任何合同。本书的第二部分中将会经常使用术语“金融工具”与“金融资产”。

此外，有些资产被描述为长期资产。这仅仅意味着该类资产预期将会持续使用一年或一个经营周期以上。有些长期资产需要计提折旧或进行摊销，进而需要在其预计使用寿命期间内报告费用。譬如，一项预计使用寿命为十年的资产将会被资本化，并在接下来的十年期间内注销为费用。

另一些长期资产不需要计提折旧或进行摊销。这类资产包括土地与某些无形资产。应计提折旧与不需计提折旧的资产均可能成为公允价值会计舞弊的对象。

本书的第二部分致力于解释涉及资产的公允价值会计舞弊的各种机会。

4

债务性证券与公开交易的权益性证券投资

通常,主体可以在多种不同类型的投资中进行选择。绝大多数投资类型均可以直接采用公允价值会计核算,公允价值会计或许可间接地对其产生影响。本章探讨公允价值对两类最常见投资的影响——市场价值可容易确定的债务性证券与权益性证券。其中,权益性证券则为在公开市场上活跃交易的类型。

4.1 投资的范围

债务性证券经常提供固定的投资回报率,保证在债券发行期限内该回报率不发生波动。债务性证券有多种类型,包括政府及政府机构(如美国财政部、美国联邦机构、州与市政当局以及非美国政府及政府机构)发行的债务性证券、公司发行的债券、抵押性证券以及其他许多品种。在这一债务性证券的定义之外,还包括来自销售活动与交易性应收账款、金融机构的消费者不动产贷款以及与"证券"(即可以在市场上进行交易或者由经登记的工具表述并被视为一项投资)不相关的其他应收款。

权益性投资可以涵盖的资产类型范围广泛，包括以下五种类型：

1. 全资子公司或拥有多数表决权的子公司；

2. 在公开市场中活跃交易的个别权益性证券中的投资；

3. 公开交易的共同基金中的投资；

4. 非公众公司中持有的权益；

5. 在合伙企业与其他联营形式的非法人主体中享有的所有者权益。

本章讨论的权益性证券是指在股票交易所等活跃市场中公开交易的类型。以下三类其他权益性证券则排除在本章讨论的范围之外：

1. 须通过合并报表方式进行核算的股东权益；

2. 采用权益法核算的所有者权益；

3. 非公开交易公司中的股东权益，且不需编制合并报表或采用权益法核算。

这三类股东权益均存在各自的公允价值会计问题，第五章将对之进行讨论。

4.2 美国 GAAP 与 IFRS 的资料来源

美国 GAAP 对债务性与权益性投资的会计处理可以在几份文件中找到。SFAS 115《某些债务性与权益性证券投资的会计处理》为所有债务性证券的核算提供了指南，但在权益性证券方面，只涉及那些“可容易确定”公允价值的类型（“可容易确定”的定义，请见下文）。本章将主要讨论这份准则所涉及的投资类型。

此外，一些拥有自身投资会计处理规则的特殊行业，如证券与确定福利养老金计划的经纪人及交易商，排除在 SFAS 115 的适用范围之外。非营利组织也适用自身的规则即 SFAS 124——一份在内容上与 SFAS 115 相对应的准则。有关其他权益性投资的会计准则将在第五章中进行介绍。

在 IFRS 方面,IAS 39《金融工具:确认与计量》对债务性与非并表类权益性证券作出了规范。这份准则确立了各类金融工具会计处理的框架,包括但不限于债务性与权益性证券中的投资。因此,IAS 39 适用于本章与第五章所涵盖的所有投资类型,而 SFAS 115 则仅适用于本章讨论的投资类型。

根据美国 GAAP,如果当前可以在经 SEC 注册的证券交易所或者对价格或报价进行公开报告的场外交易市场中获得销售价格或买卖方报价,那么,该权益性证券的公允价值被认为"可容易确定"(进而属于 SFAS 115 的适用范围)。类似地,如果共同基金的每份金额已公布并以此作为交易的基础,那么,共同基金的公允价值也可容易确定。

如果权益性证券只在外国市场交易,且该外国市场在广度及范围上与美国市场具有可比性,那么,该权益性证券的公允价值是可容易确定的。

4.3 分类与会计处理——美国 GAAP

SFAS 115 涵盖的投资可以分为以下三种类型:

1. 持有至到期证券。即持有人有意图与能力持有至到期的债务性证券。此类证券采用摊余成本核算。

2. 交易性证券。即主要出于近期出售目的而购入并持有的债务性与权益性证券。此类证券需反复地采用公允价值报告,未实现的利得与损失计入盈利中(即计入主体的当期损益中)。

3. 可供出售证券。即未分类为持有至到期证券或交易性证券的债务性与权益性证券。这些证券采用公允价值核算,未实现的利得与损失不计入盈利中,在其他全面收益而非当期损益中进行报告。

下文将进一步对上述每一类证券作出解释。

舞弊风险 No. 4.1

证券在各种类型之间进行不恰当的分类(或重分类)。譬如:

- 为了将未实现损失由当期损益转移至其他全面收益中,将交易性证券错误地划分为可供出售证券类型;
- 为了将未实现利得计入当期损益而非其他全面收益,将可供出售证券错误地分类为交易性证券类型;
- 当管理层事实上不再有意图将某项债务性证券持有至到期或者考虑根据市场条件的变化适时出售时,仍错误地将这类债务性证券划分为持有至到期证券类型。

4.4 分类与会计处理——IFRS

根据IAS 39的要求,除了某些例外,金融工具应反复地采用公允价值计量。两类投资排除在以公允价值记录金融工具的要求之外:

1. 任何持有至到期的投资,应采用摊余成本计量(包括对减值的扣除)。这与前面解释的美国GAAP类似;

2. 不存在活跃市场报价且公允价值不能可靠计量的权益性证券,应以成本计量,且当公允价值降低至成本以下时,须计提可能的减值。这也与美国GAAP类似。

除了持有至到期投资外,本书还将对IAS 39确定的其他三类金融资产展开讨论:

1. 在初始确认时被指定为“以公允价值计量且其变动计入当期损益”的金融资产;

2. 指定为可供出售的金融资产;

3. 分类为贷款与应收款项的金融资产(详见第六章的解释)。

IAS 39均对每一类投资作出界定,本书将其归纳在以下方框中。

定义——IFRS

IAS 39《金融工具:确认与计量》第9段,包含本章使用的以下关键术语的定义:

持有至到期投资——具有固定或可确定的支付额与固定到期日的非衍生金融资产,并且,主体有明确的意图和能力将其持有至到期,除非:

a. 在初始确认时,主体将其指定为以公允价值计量且其变动计入当期损益的类型;

b. 主体将其指定为可供出售的类型;

c. 满足贷款与应收款项的定义。

如果在当前财务年度或以前两个财务年度期间,主体曾经在到期前出售或重分类在金额上具有重要性的持有至到期投资(重要性应与持有至到期投资的总金额相联系),那么,该主体不应将任何金融资产分类为持有至到期类型,除非出售或重分类满足以下条件:

i. 非常接近到期日或该金融资产的赎回日(如到期前的三个月以内),市场利率的变化将不会对该金融资产的公允价值产生重大影响;

ii. 发生在主体通过预定的支付或预付已经收回几乎所有该金融资产的原始本金之后;

iii. 归因于超越主体控制范围的独立事件,不具有持续性,且主体不能合理地作出预期。

以公允价值计量且其变动计入当期损益的金融资产或金融负债——满足以下两个条件之一的金融资产或金融负债:

a. 划分为为交易而持有的金融资产或金融负债。金融资产或金融负债满足下列条件之一的,应当划分为为交易而持有的金融资产或金融负债:

i. 取得该金融资产或承担该金融负债的目的,主要是为了近期内出售或回购;

ii. 属于进行集中管理的可辨认金融工具组合的一部分,且有证据表明企业近期采用短期获利方式对该组合进行管理;

iii. 属于衍生工具(属于财务担保合同的衍生工具或被指定且为有效套期工具的衍生工具除外)。

注:关于衍生品的进一步解释见第15章。

b. 在初始确认时被主体指定为以公允价值计量且其变动计入当期损益的金融资产或金融负债。只有在满足第11A段的要求(有关嵌入衍生品的规定),或者,基于以下理由之一,可以得到更相关的信息时,主体才可使用这项指定:

i. 该指定可以消除或明显减少由于该金融资产或金融负债的计量基础不同所导致的相关利得或损失在确认或计量方面不一致的情况;

ii. 主体风险管理或投资策略的正式书面文件已载明,该金融资产组合、该金融负债组合或该金融资产和金融负债的组合,以公允价值为基础进行管理、评价并向关键管理人员(如主体的董事会和首席执行官,与2003年修订的IAS 24《关联方披露》中的定义相同)报告。

IFRS 7 第9—11段与B4要求,主体应披露被指定为以公允价值计量且其变动计入当期损益的金融资产与金融负债,包括主体如何满足这些条件。对于满足前述条件(ii)的工具,披露时应作出叙述性描述,说明将金融资产或金融负债指定为以公允价值计量且其变动计入当期损益的类型如何与主体正式书面文件中的风险管理或投资策略相一致。

对于不存在活跃市场报价且公允价值不能可靠计量的权益工具投资(参见第46(C)段与附录A第AG80段和第AG81段),不应被指定为以公允价值计量且其变动计入当期损益的类型。

可供出售金融资产——主体指定为可供出售的非衍生性金融资产或未分类为以下类型的非衍生性金融资产:

a. 贷款与应收款项;

b. 持有至到期投资;

c. 以公允价值计量且其变动计入当期损益的金融资产。

具有持有至到期特征的投资,并不必然需要分类为持有至到期的投资类型(即该类投资可以作为以公允价值计量且其变动计入当期损益的类型核算)。这一分类属于管理层的选择范畴。

"以公允价值计量且其变动计入当期损益"是一项指定,假定满足前述各项条件,管理层可将任何金融资产指定为这一类型。交易性证券即主要基于近期出售目的而取得的证券便属于这一类型,这与美国 GAAP 所下的定义类似。

如术语的定义所表明的,"以公允价值计量且其变动计入当期损益"意味着以公允价值核算某项投资,其金额可能高于也可能低于原始的购买价格或其他基础。任何因公允价值上升或下降引起的未实现利得或损失在所有者的收益表中进行报告。

然而,可供出售工具上的未实现利得与损失不在当期损益中报告(与美国 GAAP 一致)。相反,这部分利得与损失归入其他全面收益中。

持有至到期的金融资产则采用实际利率法按摊余成本进行计量。

表 4.1 归纳了美国 GAAP 与 IFRS 下各类投资的计量情况。

表 4.1 投资的账面金额

投资类型	美国 GAAP	IFRS
持有至到期的债务性证券	C/F	C/F
交易性证券	F	F
可供出售的投资类型	F[1]	F[1]

注:① C = 摊余成本,F = 公允价值,C/F = 成本,但可以选择采用公允价值核算

② 与其他采用公允价值核算的投资不同,可供出售投资的未实现利得与损失不在当期损益中报告,相反,应计入其他全面收益中。

实际利率法

IAS 39 第 9 段,将实际利率法定义为计算一项金融资产或金融负债(或一组金融资产或金融负债)的摊余成本并在相关期间内分配利息收益或利息费用的方法。实际利率是将金融工具预期寿命内或适当场合下更短的期间内估计的未来现金支付额或收款额恰好折现为该金融资产或金融负债账面净额的利率。在计算实际利率时,主体应在考虑该金融工具所有合同条款(如预付、买入及类似期权)的基础上估计现金流量,但不应考虑未来的信用损失。计算过程应包括合同各方之间支付或收取的作为实

际利率必要构成部分的所有费用与点数(fees and points)(见 IAS 18《收入》)、交易成本以及其他所有溢价或折价。其中,包含一项假设:一组相似金融工具的现金流量与预期寿命能可靠估计。然而,在某些极少发生的情形中,当不能可靠估计一项金融工具(或一组金融工具)的现金流量或预期寿命时,主体应使用该项金融工具(或该组金融工具)在整个合同期限内的合同现金流量。

4.5 重分类概述

如上文的讨论所表明的,投资的分类可以对主体报告的财务状况与盈利产生重大影响。因此,不同类型之间的重分类将对财务报表产生显著影响。

根据美国 GAAP,虽然 SFAS 115 指出,应尽量少发生从持有至到期投资类型的转出行为(参见前面关于持有至到期证券重分类时应考虑因素的讨论),但投资从一种类型重分类为另一种类型是允许的。

证券在不同类型之间的转换必须采用重分类日的公允价值核算。在作出重分类时,未实现利得与损失的确认必须遵循新类型的要求。譬如,对于转换为交易性类型的证券,转换前未在盈利中确认的转换日未实现的持有利得或损失部分,应立即在盈利中确认。

第二章中曾经这样表述,SFAS 159 引入了公允价值选择权,允许绝大部分金融资产(包括本章讨论的全部金融资产)可反复采用公允价值核算,这一选择权可以基于各项工具单独选用。然而,一旦选用了公允价值选择权,该项选择便是不可撤销的(即一项投资或任何其他金融资产不能再从公允价值核算类型重分类为其他类型)。

2008 年 10 月,IASB 对 IAS 39 进行修订(追溯应用至 2008 年 7 月 1 日),使准则的重分类条款与 SFAS 115 保持一致,尽管美国 GAAP 下的重分类条款在严密性方面逊色于修订前的 IAS 39 是一个基本的共识。

根据修订后的准则，一项金融工具在初始确认时根据公允价值选择权划分为以公允价值计量且其变动计入当期损益的类型后，便不能再从这一类型重分类为其他类型。这与 SFAS 159 中的条款是类似的，即一旦选择了公允价值选择权，该选择权对于该项金融工具而言便是永久性的。

然而，回想之前的讨论：将一项金融工具划分为以公允价值计量且其变动计入当期损益的类型，可以基于初始确认时主体的指定，或者，因该项工具被划分为“为交易而持有”的类型。这便是 IAS 39 的修订照搬美国 GAAP 条款之处，但也引起了一些争论。

如果一项资产不再为近期出售目的而持有（即“交易性”证券），那么，如果主体正在经历“极少发生的情形”，该项资产可以从以公允价值计量且其变动计入当期损益的类型重分类为其他类型（潜在地将未实现损失从当期损益重分类为其他全面收益）。当前的全球金融危机可以视为这类极少发生的情形之一。

衍生品绝不可以由以公允价值计量且其变动计入当期损益的类型重分类为其他类型。

2008 年 10 月对 IAS 39 所作的修订已经引来多方指责。在 2008 年 12 月由穆迪投资服务公司（Moody's Investors Service, Inc.）发布的《穆迪全球信用研究》中，对 IASB 未经过常规因循程序便作出修订提出批评，宣称“在感觉上（如果不是现实），IASB 迅速地完成这次修订是屈从于欧盟领导人与财务部长的意志”。事实上，在作出上述变动的过程中，欧盟成员向 IASB 施加了压力，认为在本次全球经济危机期间，美国 GAAP 相对宽松的条款使欧洲公司处于竞争性劣势。

在 2008 年 10 月修订之前，IAS 39 禁止在金融工具的持有或发行期间重分类为以公允价值计量且其变动计入当期损益的类型或由该类型重分类为其他类型（一个例外是，持有至到期类型可以重分类为可供出售的金融资产）。

此处的舞弊风险是显而易见的。如果确认了公允价值的下跌，那么，这部分价值下跌可以通过财务报表的两个位置进行反映：作为当期损益的一项构成内容或归入其他全面收益。错误地描述某一证券的特征可以导致未实现损失的错误分类（或未实现利得，但更大的风险来自于隐瞒所持资产价值下降的企图）。

4.6 持有至到期类型的重分类

根据美国 GAAP 与 IFRS，只有当报告主体有明确的意图与能力将债务性证券上的投资持有至到期时，才可以将这类投资划分为持有至到期类型（进而采用摊余成本计量，除非选择应用公允价值选择权）。权益性证券通常不具有固定的到期日，因此，不能划分为持有至到期类型。

尽管存在初始的意图，但主体将一项债务性证券持有至到期的计划可能会随着时间的推移而发生变化。如前面的章节所解释的，这一变动可能导致将持有至到期的投资重分类为另一类型，如交易性证券，重分类则可能引起账面金额的变动以及未实现利得与损失报告方式的潜在变化。

以下文字描述了若干种可能影响主体将债务性证券持有至到期意图的条件：

影响主体是否将证券持有至到期的因素

SFAS 115 第 8 段给出了下列可能使主体改变其持有特定证券至到期意图的条件，但这些条件并不必然引起其他债务性证券发生类似问题：

a. 发行人资信状况明显恶化的证据；

b. 税法的改变取消或减少了债务性证券利息的免税地位（并非为了修正利息收入所适用的边际税率而对税法作出的改变）；

c. 重大的商业合并或处置（如部分出售）使持有至到期证券的出售或转换成为必要，以保持企业现有的利率风险头寸或信贷风险政策；

d. 法律或规章制度的变化使原先所允许的投资构成状况或特定类型证券的最大持有比例被明显修正，导致企业处置持有至到期的证券；

e. 监管层明显强化了行业资本要求，导致企业通过出售持有至到期的证券缩小规模；

f. 计算风险基础的监管性资本时使用的债务性证券，其风险权重明显增加。

当然，上述列表并未涵盖所有情形。其他预期外的事件也可能使主体出售或转换某一特定的持有至到期证券，而并不必然引起对其他债务性证券持有至到期意图的质疑。

在不断变化的经济环境中对证券进行重分类或选择不进行重分类，要求作出诸多判断。然而，这也是容易发生舞弊的领域之一，并经常采取错误地表述主体是否具有将特定债务性证券至到期的意图这一形式。

在有些场合，关于财务报表所表述的状况是否恰当的最佳证据来自于以往的历史。在以前期间的财务报表中，当管理层声明某些证券将会或不会持有至到期时，此类声明的真实性是否在以后期间得到证实呢？然而，2009 年的全球经济危机属于完全不同的情形，作出这类判断将更加困难。

持有至到期证券的出售

SFAS 115 第 9 段指出，当特定类型的债务性证券基于以下任何一种情形而可以出售时，不应将其分类为持有至到期的类型：

a. 市场利率变动以及该证券上预付风险的相关变化；

b. 流动性需求（譬如，基于存款收回、贷款需求增加、保险政策的弃用或保险索赔金额的支付）；

c. 其他可获得的投资机会及其收益的波动；

d. 资金来源与条款的变化；

e. 外汇风险的变动。

最后，如果主体经常在到期前出售债务性证券，或者，近期在到期前出售了大量持有至到期的证券，这可能引发对该主体将剩余证券持有至到期意图或能力的质疑。如果出现到期前频繁出售的现象，则应对所有其他债务性证券的分类情况作仔细审查。

舞弊风险 No. 4.2

在到期前出售了特定类型的债务性证券，但是，未将其他债务性证券从持有至到期类型重分类为其他类型。

4.7 公允价值的确定

对于 SFAS 115 所规范的权益性证券，公允价值应能容易确定。由于该准则涉及的唯一权益性证券是公允价值可容易确定的类型，搜寻特定日期某证券的交易价格应是一个简单的问题。

对于债务性证券，有些类型可能公开进行交易，也有许多类型则未公开交易。对于那些公开交易的债务性证券，搜寻预期某日交易的价格也如公开交易的权益性证券那样容易。

对于未公开交易的债务性证券，存在大量可用于确定公允价值的定价技术。在许多场合，通过折现现金流量分析、矩阵定价、期权调整利差模型与基本面分析可以合理地确定公允价值的估计值。具体技术的选择与应用则要求经过判断。对记录为资产项目的债务性证券的估值所采用的技术基本与记录为负债项目的债务性义务公允价值的确定所采用的技术相同（参见第十一章）。

舞弊风险 No. 4.3

在计算现值的过程中，使用不恰当的折现率，操纵债务性证券公允价值的确定。

债务性证券存在一个票面利率。利息支付将根据该证券的票面利率与票面价值的乘积确定。譬如，一张面值 $100 000、票面利率 5%、每年付息一次的证券，每年需支付的利息金额为 $5 000。

然而，公允价值并不必然等于该面值 $100 000。根据购入证券时的市场条件，买方支付的金额可能高于或低于 $100 000。因此，该债务性证券的到期收益率可能不同于票面利率。

许多因素对债务性证券的到期收益产生影响。这些因素表现为各种类型的风险。最重要的风险有以下几种：

1. 违约风险，即发行人（借款人）将不能偿付部分或全部债务性义务的风险。影响违约风险的主要因素是发行人（借款人）的财务状况。违约风险属于不履约风险类型，后者是 SFAS 157 要求考虑的风险之一。违约风险可能基于抵押物的存在、性质与清算价值而得到缓解。不存在抵押的债务通常比抵押性债务承受更大风险。通常，抵押性债务的公允价值至少等于用于抵押标的资产的清算价值。当然，标的资产清算价值的确定可能不是一项轻松的任务。

2. 利率风险，即与一定期间内利率变动相关的风险。如果市场利率上升至超过债务性证券票面利率的水平，那么，该债券的交易价格会下降。反之亦然。在确定市场利率时，应将利率置于与所评估债务性证券的金额、到期日以及其他相关因素尽可能相似的债务性证券之上。

3. 赎回风险。赎回特征使发行人可以在到期日之前清偿义务。赎回风险代表此类赎回特征被执行的可能性，这一可能性则会影响债券对市场参与者的价值。

在考虑上述因素后，可以得出以下结论：如果到期收益率大于或小于债务性证券的票面利率，得到的公允价值将不同于该证券的面值。一般表述如下：

如果票面利率 > 到期收益率，那么，公允价值 > 面值；

如果到期收益率 > 票面利率，那么，面值 > 公允价值。

在评估债务性证券的公允价值时，利率风险或许是最容易计量的，因为经常可以从活跃市场中获得大量相关的数据进行比较。其他风险因素则使非公开交易债务性证券公允价值的确定变得十分有趣。

从投资管理的角度看,公允价值或到期收益的计算需联系债务性证券的初始购入,确定公允的购入价格应为多少。然而,在取得证券后,公允价值的确定将变得更加棘手。

与其他确定公允价值的情形相同,用于计算债务性证券公允价值的信息可以从内部获得或来自于外部(采用 SFAS 157 的术语,即为可观察与不可观察的输入变量)。在有些场合,或许可以确定类似的公开交易的债务性证券,这可用于估计非公开交易证券的公允价值。在另一些场合,前文中归纳的折现现金流量法则是估计公允价值的更恰当且更可靠的方法。

实际利率法示例

思考以下关于实际利率法的示例:

假设债务性证券的面值为 $100 000,票面利率 5%,每年支付一次利息,以 $103 248 的价格购入,即到期实际收益率为 4.265%。主体以购买日的公允价值 $103 248 记录该项资产的成本。根据实际利率法,摊销与利息收益的确认过程如下:

期初余额	利息收益	收到利息	期末余额
103 248	4 404	5 000	102 652
102 652	4 378	5 000	102 030
102 030	4 351	5 000	101 381
101 381	4 324	5 000	100 705
100 705	4 295	5 000	100 000

主体每年将以 4.265% 而非 5% 的票面利率确认利息收益(譬如,第一年为 $4 404)。每年收到的利息 $5 000 将抵消应收利息,使债务性证券在到期日的摊销余额为 $100 000。在到期日,主体应收回证券的面值 $100 000。

但是,随着五年期间内利率或其他风险因素的变动,对该证券的公允价值将产生什么影响呢?如果选用了 SFAS 159 下的公允价值选择权,这些变动将不得不在确定公允价值时进行考虑。

4.8 活跃与非活跃市场

2009 年的全球经济危机引出了一个多年以来不曾广泛遇见的问题。回想一下，SFAS 157 将用于确定公允价值的各类输入变量作了区分。最可靠的输入变量通常是活跃市场的结果，如公开市场中的股票报价。基于两个简单的因素，这些输入变量是最可靠的：

1. 来自外部而非由管理层内部开发得到；
2. 涉及大量的市场参与者（这令市场“活跃”）。

然而，当曾经活跃的市场变得不活跃时，会发生什么情况呢？管理层应如何估计公允价值？在一个相对不活跃的市场中，极少量的已知交易可能并不能代表特定资产或负债的真实公允价值。

在 2008 年末，FASB 通过发布工作人员立场公告的形式（FSP FAS 157-3）对这个问题展开讨论。如人们所预期的那样，这份指南建议，当市场不再活跃时，估计公允价值的过程可能需要作出两项变动：

1. 由市场法转向其他方法，很可能是收益法（因为基于交易量的降低，市场法可能要求在更多场合作出重大判断）；
2. 利用完全不同的输入变量，很可能从第一或第二层次的输入变量转向第二或第三层次的输入变量。

这些变动使舞弊的发生有机可乘。回想一下，第三层次的输入变量是“不可观察的”，意味着这些输入变量由管理层内部开发得到。

舞弊风险 No. 4.4

对市场是否活跃，或者，对用于比较目的的已知市场交易是否“有序”或无序作出虚假表述，导致采用不恰当的价值、估值方法或输入变量以操纵公允价值计量。

会计师、审计师与调查人员应特别留意有关曾经活跃的市场已经演变为活跃性降低或不再活跃的各种迹象。最明显的信号是市场中的交易量显著降低。买卖价差的扩大也可能是一种信号。

FSP 157-3 对市场法转变为收益法的情形作了解释，并采用抵押性债务证券作为例子。然而，无论证券的性质如何，由市场法转为收益法的程序应是类似的：

1. 如果可以获得相同资产的过去市场价格，确定是否存在类似资产市场报价的证据；

2. 确定可用于调整类似资产市场报价（或相同资产的过去价格）的可靠输入变量的可获得性；

3. 识别最近日期活跃市场行情（譬如市场利率、隐含回报率等）之后市场因素与输入变量的变化情况；

4. 识别并审阅任何相关的分析师或诸如穆迪等评级机构的报告；

5. 对于抵押性证券，审阅其标的抵押物的表现（如抵押贷款等）。

通常，最大限度地使用来自外部的输入变量可以得到更加可靠的估计。请记住 SFAS 157 下确定公允价值的目标在于估计市场参与者在计量日估计公允价值时将会采用的假设。

2009 年 4 月，FASB 工作人员立场公告（FSP FAS 157-4）《当资产或负债的交易量与活跃性已明显降低时公允价值的确定以及非有序交易的识别》给出了关于市场活跃性持续降低问题的第二份指南。这份立场公告强化了公允价值确定的基本目标——当市场不再活跃时，资产的公允价值仍然是该项资产可在有序交易中出售的价格。当作为资产估值基础的市场交易越来越少时，这将会十分棘手——可用于比较的极少量交易是以有序还是非有序方式进行估值呢？市场不活跃这一事实自身并不会产生强制或被迫的清算性（即非有序）出售这一假设。这份立场公告指出，出于比较主体所持资产的目的，在确定市场中其他已知的交易是否为有序或非有序时，应权衡所有可获得的证据。立场公告也提供了关于确定市场是否已经演变为非有序以及交易是否为有序或非有序的指南。

4.9 暂时性与非暂时性减值——美国 GAAP

已实现利得与损失产生于出售证券时，总是计入公司的当期损益中。然而，未实现利得与损失可以作为当期损益的一个组成部分，也可能排除在当期损益之外，作为其他全面收益进行列示。如前面所解释的，决定未实现损失在何处进行报告的一个因素是投资的类型（如可供出售、交易性等）。另一个因素则为损失是否被视为暂时性质或非暂时性质。

SFAS 115 要求，公允价值降至账面价值以下的部分须在暂时性减值或非暂时性减值之间做出区分。术语“非暂时性”并非指与永久性同义——该术语旨在将某些价值的降低与那些暂时性的降低相区别。在分类为非暂时性时，价值上的减损无需被视为永久性的。在确定公允价值的降低是否为暂时性或非暂时性时，应考虑一系列因素。这是一个复杂的问题，多份文件已就这一问题展开讨论，包括：

- FSP FAS 115-1 与 124-1《非暂时性减值的含义及其对某些投资的应用》；
- FSP FAS 115-2 与 FAS 124-2《非暂时性减值的确认与列报》（2009 年 4 月发布）；
- EITF 03-1《非暂时性减值的含义及其对某些投资的应用》；
- EITF 99-20《利息收益的确认与外购受益权益、转让方在证券化金融资产中持续持有的受益权益上的减值》；
- FSP EITF 99-20-1《对 EITF 第 99—20 号减值指南的修订》（2009 年 1 月发布）；
- SEC 第 59 号工作人员会计公报《非流动性有价权益性证券的会计处理》；
- SAS 92《衍生工具、套期活动与证券投资的审计》。

舞弊风险 No. 4.5

将本应作为非暂时性减值处理的公允价值降低，不恰当地视为暂时性减值。

为何暂时性与非暂时性之间的区分如此重要呢？如果公允价值的降低被视为非暂时性，那么，该证券的成本基础必须注减至已经降低的公允价值（除非主体继续持有该项证券，否则，收益表上必须相应地确认该项已经出售证券上的损失）。该项注减必须在减值被认定为非暂时性的期间内在盈利中进行报告。该项对基础金额的注减是永久性的——这意味着除非证券被出售，否则不应确认公允价值的后续转回（除非选择应用了公允价值核算方式）。

确定一项价值的降低是否为暂时性或非暂时性需要作出诸多判断，并需仔细考虑许多因素。当然，这意味着在这种情形下很容易发生舞弊。

在确定一项减值损失是否为非暂时性减值时，必须考虑以下十个因素：

1. 时间跨度（持续时间）与证券的公允价值低于其成本的程度（即减值的剧烈性与重大程度）；

2. 发行人的财务状况与近期前景，包括任何已经发生的已知事件；

3. 持有者在一段期间内持有该项投资的意图与能力，该期间必须足够长，进而允许对公允价值的转回作出预期（即尽管可以预期价值将在后续期间上涨，但主体能否在如此长的期间内继续持有该项投资）；

4. 该项证券隐含的波动性与历史波动性；

5. 公允价值的降低是否受宏观经济条件或属于个别证券特定信息的影响（可归属于与特定发行人、行业或地区相关的不利条件引起的降低，被视为比诸如某类投资或其他市场因素相关的不确定性等条件表明一项减值为非暂时性的更强指示器)；

6. 评级机构的评级下降或分析师的负面报告；

7. 预期股利支付的减少或取消；

8. 利息或预定本金支付的中断；

9. 债务性证券的发行人注减该项负债的公允价值(参见第十一章对发行人债务性义务公允价值会计的解释)；

10. 发行人的独立审计师修改报告(如持续经营问题,对 GAAP 或 IFRS 的偏离)。

下一节将继续讨论 IFRS 有关减值损失的规定,因为 IAS 39 对减值损失相关因素的描述也适用于美国 GAAP 对公允价值暂时性与非暂时性降低的区分。

FSP FAS 115-2 与 FAS 124-2 的影响

2009 年 4 月,FASB 发布工作人员立场公告 FSP FAS 115-2 与 FAS 124-2《非暂时性减值的确认与列报》。这份文件修订了关于确定一项减值损失是否为非暂时性的标准。该项修订仅仅适用于债务性证券的情形。这份立场公告取消了原先的要求,即为了避免确认一项非暂时性的减值损失,主体必须证明,在一个公允价值发生后续增长以转回损失的充分时间期间内,持有该债务性证券的意图与能力。相反,除非出现以下两个条件之一,一项损失必须作为非暂时性类型处理:

1. 主体有出售该债务性证券的意图;

2. 主体很可能(more likely than not)在公允价值转回之前被要求出售该证券。

这项标准的修订意味着,无需证明债务性证券将持有充分长的时间期间以转回损失。除非存在该证券将在价值转回前出售的证据,否则便假定该证券将持有充分长的时间,直至发生价值转回。这一规则放松的结果很可能是,作为非暂时性减值确认的未实现损失将更少。

这一领域的主要舞弊风险在于,发布的财务报表将本应分类为非暂时性减值的损失归为暂时性损失。舞弊的目的是显而易见的——将未实现损失从收益表中转移出来,进而盈利指标便不会受这些损失的负面影响。

在这一分类问题上,当主观性较强、客观性较弱的数据被用作分类基础时,舞弊的机会便可能上升。譬如,在前面给出的考虑因素列表中,减值的持续时间与严重性通常可以清晰、客观地确定,评级机构的降级性评价、股利或利息支付的中断以及审计师报告的修改等情形也类似。

然而,其他许多因素则要求经过大量判断。并且,那也是更可能发生舞弊的方面。尤其是第三个因素——评估主体将一项投资持有至价值减损发生转回时的意图与能力——非常难以操作。

4.10 减值损失——IFRS

鉴于美国 GAAP 区分了公允价值的暂时性降低与非暂时性降低,IFRS 也对公允价值暂时性波动引起的减值损失与其他未实现损失作了类似的区别。并且,结果是类似的。通常,可供出售资产上的利得与损失在其他全面收益而非当期损益中确认。然而,如果此类损失被视为一项减值,则应在当期损益中确认。

减值损失的迹象

IAS 39 第 59 段指出,当且仅当资产初始确认后发生的一个或多个事件(损失事件)引发减值的客观证据,并且,该损失事件(或多个损失事件)对能够可靠估计的金融资产预计未来现金流量产生影响时,该项金融资产或该组金融资产发生了价值减损,并已发生减值损失。可能并不能识别引起此类减值的单独、不连续的事件。相反,多个事件的综合影响可能促使减值的发生。作为未来事件结果的预期损失,无论发生的可能性如何,均无需确认。一项金融资产或金融资产组合发生减值的客观证据包括引起资产持有人关注以下损失事件的可观察数据:

a. 发行人或债务人发生重大的财务困难；

b. 违反合同，如利息或本金支付违约或支付中断；

c. 出于与借款人财务困难相关的经济或法律上的理由，贷款方对借款人作出通常情形下不会考虑的让步；

d. 借款人很可能进入破产或其他财务重组程序；

e. 出于财务困难原因，该金融资产的活跃市场消失；

f. 可观察的数据表明，在金融资产组合初始确认后，其预计未来现金流量已发生减少并可计量，尽管此类减少尚不能从组合中的个别金融资产得到辨认，这类数据包括：

i. 该组合中借款人的支付状况发生不利变动（譬如，延期支付的次数增加或已到达信用限度，且每月仅支付最低金额的信用卡借款人数增多）；

ii. 与组合中的资产违约相关的国家或当地经济条件（譬如，借款人所在区域失业率上升，相关地区抵押性房地产价格下跌，作为石油生产商贷款资产的石油价格的下跌，或者对组合中借款人产生影响的行业条件发生不利变动）。

曾经活跃的市场变得不再活跃这一事实本身并不构成减值已经发生的证据。

对于划分为可供出售的权益性证券，其减值损失一旦在当期损益中进行确认，便不能再通过当期损益转回。

然而，划分为可供出售类型的债务性证券的处理方式有所不同。如果公允价值的后续增加能客观地与减值损失确认后发生的事件相联系，那么，该项损失可以通过当期损益转回。

4.11 舞弊风险小结

本章讨论的是一些涉及公允价值会计的最复杂的规则。概括地讲，按照以下方式对各种方法进行分类，是观察债务性与权益性证券这一复杂领域中诸多公允价值会计舞弊实施方式的途径之一：

- 高估由证券的公允价值增加产生的利得；
- 确认但低估由证券的公允价值下跌引起的损失；
- 不确认价值已发生下降的证券上任何损失；
- 通过错误地划分标的证券的类型、改变证券的分类或者不恰当地将公允价值下降的性质描述为暂时性下跌等方式，对公允价值变动产生的利得或损失作出错误分类。

5

非公众主体中的所有者权益

除了债务性证券与公开交易的权益性证券之外,主体可能持有其他类型的投资,包括以下三类:

1. 非公开交易公司中的股东权益;

2. 非法人主体如合伙与联营企业中的所有者权益;

3. 土地、建筑物及房地产等作为投资性房地产持有的非金融资产。

本章重点关注上述投资中的第一类与第二类,即未包括在第四章所讨论的公开交易公司这一范畴中的所有者权益。对于作为投资性房地产持有的土地与建筑物,参见第十章的讨论。

5.1 美国 GAAP 与 IFRS 的资料来源

在美国 GAAP 中,存在大量对所有者权益的会计处理作出规范的准则及其他文件。最经常引用的主要包括以下这些资料:

- ARB 51《合并财务报表》;
- FIN 46R《合并:可变权益主体》;

- APB No. 18《普通股投资的权益法会计》;
- SOP 78-9《对房地产企业投资的会计处理》;
- EITF 00-1《权益法下特定合伙及其他企业中的投资在投资者资产负债表与收益表上的列示》;
- EITF 02-14《投资者是否应对普通股之外的投资适用权益法处理》;
- EITF 03-16《对有限责任公司投资的会计处理》;
- EITF 04-5《关于普通合伙人或普通合伙人集团是否在有限合伙人享有特定权利的条件下控制了有限合伙或类似主体的确定》。

在 IFRS 方面,关于本章讨论的所有者权益的主要资料来源与第四章适用的准则相同,即 IAS 39《金融工具:确认与计量》。这份准则提供了各类金融工具会计处理的框架。此外,其他两份准则也可以适用于本章的讨论:

- IAS 28《联营企业中的投资》;
- IAS 31《合营企业中的权益》。

5.2 引言

关于非公开交易公司与非法人主体中的所有者权益,美国 GAAP 与 IFRS 之间存在许多相似之处,但是也存在一些差异。美国 GAAP 与 IFRS 均制定了有关主体控制的特定类型公司与非法人主体合并报表的编制规则。此外,两套准则均要求,当主体可以对某些不需合并报表的主体实施重大影响时,应采用权益法进行会计处理。

表 5.1 归纳的是根据美国 GAAP 与 IFRS 的要求,与所有权及控制程度相关的基本会计处理方法。

表 5.1　不同程度所有者权益份额下的会计处理

股东权益的性质	处理方式
控制性财务利益	合并报表
对主体产生重大影响	权益法(或公允价值选择权)
非公众主体(重大影响)①	成本法(或公允价值选择权)
公开交易的公司	公允价值(见第四章)

根据美国 GAAP 与 IFRS 的要求,非并表类投资与采用权益法核算的投资均不采用公允价值核算,至少不直接采用公允价值。但是,毫无疑问的是,存在公允价值会计的间接影响与舞弊风险(更不用说,持有的采用权益法核算的投资也可以适用公允价值会计选择权)。公允价值会计舞弊问题的根源并不在于并表要求或者是否适用权益法会计。通过阅读财务报表便可容易地确定,对其他主体的权益性投资是否已经并入表内,或者是否采用了权益法会计。相反,公允价值会计舞弊问题存在于报告控制或影响关系的主体的账簿中,这是蕴藏舞弊风险的地方。

因此,本章并不旨在对应采用合并报表或权益法核算的情形作出解释,而是关注每一种会计方法下可能如何实施公允价值会计舞弊。

5.3　合并财务报表

在编制合并报表的过程中,被控制主体(经常称作子公司)的资产、负债、收入、费用、利得与损失均计入母公司的财务报表中。公司间的交易与余额则需要消除。

在合并报表问题上,公允价值会计舞弊风险是显而易见的——子公司的资产、负债、收入、费用、利得与损失均可能成为本书所解释的各类公允价值会计舞弊的对象。

① 原文为 Nonpublic entities w/o significant influence。——译者注

5.4 共同控制主体与共同控制资产

IAS 31《合营企业中的权益》将共同控制主体界定为一类合营企业，涉及公司、合伙企业或每一出资人均享有权益的其他主体的组建。除了对出资各方共同控制主体的经济活动作出合同安排外，共同控制主体的经营方式与其他主体相同。根据IFRS，投资者可以从下列方法中选择其一来确认共同控制主体中的权益：

1. 比例合并法；
2. 权益法会计。

比例合并法是当前IFRS与美国GAAP存在差异之处。这将在后文进行解释。具体而言，IFRS允许所有合营企业采用比例合并法，而美国GAAP对这一方法采取回避的方式，仅允许在非常有限的场合和特定行业中适用。根据美国GAAP的要求，权益法会计成为绝大部分合营企业会计处理的通用标准。

舞弊风险 No. 5.1

通过比例合并法核算或按比例确认由各出资人共同持有的各项资产，高估合营企业的资产价值或低估负债，导致合营企业各参与方财务报表上的资产被相应高估。

然而，共同控制主体与多个主体共同拥有并控制投入合营企业中的资产或出于合营目的购入资产的安排有所不同。对于共同控制的资产，不存在单独的主体。相反，两个或多个出资人共同控制一组资产，并以此获利。在绝大多数此类安排中，每一位出资人经常按比例取得共同控制资产上的回报，并且，每一位出资人按约定的份额承担实际发生的费用（这有别于每一位出资人从当期净损益中取得相应份额，后者构成绝大多数合营企业的组织结构安排）。

这类合营企业并不涉及组建单独的公司、合伙企业或其他主体,或者独立于出资人自身的财务结构。每一位出资人通过其在共同控制资产上的份额,享有对未来经济利益相应份额的控制。

至于共同控制资产中的权益,IFRS 要求每一位出资人在财务报表中确认以下五个项目:

1. 共同控制资产中的份额,并根据资产的性质进行分类;
2. 已经承担的任何负债;
3. 与合营企业中其他出资方共同发生的任何负债中的相应份额;
4. 来自于出售或使用合营企业产品中的相应份额所形成的任何收益,以及合营企业中任何已发生费用中的相应份额;
5. 与合营企业中的权益相关的任何已发生费用。

此处的舞弊风险也十分明显。如果错误地应用公允价值会计,进而高估共同控制下的各项资产,那么,每一位出资人财务报表上的相应资产份额也将相应被高估。负债低估的情形也类似。

5.5 按权益法核算的投资

通过权益法实施公允价值会计舞弊的潜在性可能并不如此明显。根据权益法会计,权益持有人需保留一个资产账户反映其对另一主体的投资。一般而言,该项资产的计量以主体持有另一主体的权益比例为基础,加上或减去某些调整。收益表账户的报告通常反映权益持有人在另一主体的当期损益中享有的相应比例。持有人享有权益的主体可以是公司、合伙企业或其他形式的主体。

考虑下面这个简单的例子。假设 A 公司拥有 1 000 万美元资产与 600 万美元负债。B 公司是 A 公司的一名所有者,拥有 A 公司发行在外 30% 的股票。B 公司采用权益法会计核算在 A 公司中的这项投资。

于是,B 公司将因为这项对 A 公司的投资而报告一项金额为 120 万美元的资产(净资产 400 万美元乘以 30%)。如果在下一年度 A 公司赚得 100 万美元利润，并且，在年度结束时，年末总资产为 1 050 万美元，总负债为 550 万美元。那么，B 公司将在收益表中报告一项金额为 30 万美元的收益（100 万美元乘以 30%），年末投资余额则为 150 万美元（净资产 500 万美元乘以 30%）。

公允价值会计舞弊的可能性再一次出现被投资方一边（上例中的 A 公司）。如果通过实施公允价值会计舞弊可以高估企业的资产、收入或利得，或者低估负债、费用或损失，那么，所有者的财务报表也将相应地反映一个被夸大的资产账户和被夸大的收益表影响。在 A 公司层面对公允价值会计规则的有意操纵，将导致 B 公司财务报表的错误表述。

舞弊风险 No. 5.2

通过权益法会计核算，夸大合营企业的资产价值或低估负债，导致合营企业中合伙人财务报表上资产的高估。

接下来的问题是，A 公司层面的公允价值会计舞弊将朝着什么方向演进？请记住，B 公司在 A 公司中拥有 30% 的权益，进而对 A 公司产生重大影响。B 公司是否可能导演 A 公司层面的公允价值会计舞弊，使 B 公司自身的财务报表表现得更加稳健并使这一操纵行为不那么明显呢？

当采用权益法核算合营企业中的投资时，应按照所有者（母公司层面）对舞弊采取的立场，对合营企业财务报表上公允价值会计舞弊的各种迹象进行仔细审查。

关于权益法会计的更多内容，可参见 APB No. 18 与 IAS 31。

5.6 比例合并

在合并报表与权益法会计之间，还存在另外一种会计处理方法——比例合并法。比例合并法的应用十分有限，但是，在某些场合仍然适用。

按照比例合并法的要求，在其他企业中享有权益的一方须报告其在这一主体中持有的资产、负债、收入、费用、利得与损失上的比例份额。在上一节的例子中，B 公司——A 公司 30% 权益的所有者，将不能像在权益法下那样，单独反映一项在金额上等于 A 公司净资产（权益）30% 的资产。相反，根据比例合并法的要求，B 公司将需要对各资产与负债项目进行报告。其中，每项资产与负债在金额上等于 A 公司各项资产与负债的 30%（收入与费用项目可类推）。

在比例合并法下，公允价值会计舞弊风险与前面解释的各种情形类似。如果通过实施公允价值会计舞弊高估 A 公司的资产，那么，B 公司按比例合并的资产（30%）也将同样被高估。

5.7 公允价值选择权

如前面所指出的，无论根据美国 GAAP（SFAS 159）还是 IFRS（IAS 39），在其他主体中享有的所有者权益均可反复地采用公允价值核算。因此，如果可以获得采用公允价值计量的充分信息，本应按成本或权益法会计核算的所有者权益可以采用公允价值核算。

舞弊风险 No. 5.3

对本应按成本或采用权益法核算的非控制性所有者权益选择适用公允价值会计处理，并错误地应用估值方法，夸大投资的账面金额。

在大多数场合，如果对本章讨论的非公开交易的所有者权益选择适用公允价值处理方式，那么，可以采用收益法或对收益法作某些变动来计量公允价值。如第三章所解释的那样，收益法的舞弊性应用可能涉及对一系列因素的操纵，最常见的是未来现金流量的估计或折现率的选用。

6

贷款与应收款项

本书讨论的最后一类金融资产是贷款与应收款项。这类资产代表主体因出售商品、提供服务或贷出资金而对客户及其他方享有的要求权。此外,利息、特许权使用费、股利以及对第三方要求权等相关可能计提的金额也包括在术语“应收款项”的范畴内(但是,与损失转回相关的资产确认,参见第十七章关于或有事项的讨论)。

应收款项可能源于具有法律约束力的合同或票据形式,也可能产生于购买订单,其后伴随商品的发送或劳务的提供。也有一些产生于口头承诺的情形,如慈善性非营利组织收到的捐赠品的抵押(pledges of contributions)。大部分应收款项具有法律执行效力,但也存在许多例外。

贷款与应收款项可以通过非金融资产进行担保,如将不动产作为抵押贷款的担保物。在另一些情形中,如许多信用贷款的最高限额,则可以金融资产如应收账款作为抵押。

最后,大部分贷款与许多应收款项是附带利息的。有时,如果客户不再能够按期还款,贷款与应收款项甚至会包含规定更高违约利率的条款。

不论会计准则如何要求,大部分应收款项最初在金额上以等于成本的公允价值(譬如,当一方将现金借给另一方的情形)或者商品或服务的公允价值进行记录(当公司记录应收客户的款项时)。在初始确认之后,会计处理则会变得更加复杂。

6.1 美国 GAAP 与 IFRS 的资料来源

美国 GAAP 中不存在一份单独的致力于所有形式贷款与应收款项的会计准则。应用最频繁的 GAAP 来自于下列资料:

- SFAS 114《债权人对贷款减值的会计处理——对 FASB 第 5 号与第 15 号公告的修订》;
- SFAS 118《债权人对贷款减值的会计处理:收益确认与披露——对第 114 号公告的修订》;
- SOP 01-6《向其他方贷出资金或为其活动进行融资的特定主体的会计处理(包括持有交易性应收款项的主体)》;
- SOP 03-3《在转移中取得的特定贷款或债务性证券的会计处理》;
- AICPA 第 6 号实务公告《某些外购贷款的折价摊销》。

为了区分贷款与应收款项,SFAS 114 将期限超过一年的应收款项归入贷款的范畴。

贷款与应收款项也在 SFAS 159 的规范范围之内。如第二章中所讨论的,SFAS 159 提供了一项针对许多资产可反复采用公允价值会计的选择权,这些资产便包括贷款与应收款项。

此外,有些贷款可以证券化,即将贷款捆扎在一起并转化为证券。最常见的是抵押贷款。抵押贷款证券化之后,便可适用 SFAS 115《特定债务性与权益性证券投资的会计处理》中的相应条款。由此,这些证券化的抵押贷款可以划分为交易性证券或 SFAS 115 界定的其他某种类型。有关 SFAS 115 的更多细节,参见第四章。

IFRS 对贷款与应收款项的讨论主要在 IAS 39《金融工具:确认

与计量》这份准则中,与第四章及第五章在解释债务性与权益性证券投资时援引的准则相同。

贷款与应收款项——IFRS

IAS 39 第 9 段,将贷款与应收款项界定为除以下情形之外的、不存在活跃市场报价且具有固定或可确定支付额的非衍生性金融资产:

a. 主体打算立即出售或在近期出售的、应划分为为交易而持有的项目(即存在活跃市场报价),以及主体在初始确认时指定为以公允价值计量且其变动计入当期损益的项目;

b. 主体在初始确认时指定为可供出售的项目;

c. 除信用恶化以外的原因,持有者可能不能收回其几乎所有初始投资的、应归为可供出售类型的项目。

6.2 确认与计量——美国 GAAP

按照美国 GAAP,贷款与应收款项(包括交易性应收款项)可以按照流通在外的、通常等于贷款摊余成本的本金余额列示,或者在选用 SFAS 159 所赋予的选择权进而反复以公允价值计量这些资产的情形下(参见第二章),以公允价值核算贷款与应收款项。可供出售的非抵押性贷款和未选用 SFAS 159 下公允价值选择权的贷款与应收款项,则应以成本或公允价值两者中较低者列示。

在确定贷款或应收款项的初始入账金额后,接下来的工作便是监督收款情况并评估账面记录金额的可收回性。当某个应收款项被认为不能收回时,管理层应注销或注减该特定账户,或者为不可收回的账户计提一项“准备”。“准备”代表的是对不可收回余额的估计,而非最初归属于特定账户的金额。通常,这根据过去的经验确定。

舞弊风险 No. 6.1

为了不确认或确认最低金额的坏账或减值，高估贷款与应收款项的预期未来现金流量。

贷款的会计处理更加复杂一些。SFAS 114《债权人对贷款减值的会计处理——对 FASB 第5号与第15号公告的修订》要求，当主体很可能不能收回贷款合同条款下的全部金额（即所有应计利息与发行在外的本金余额）时，必须确认一项减值。GAAP 并未强制要求采用某一种特定的方法评估可收回性。在确认减值时，通常形成一项价值准备，并相应地借记坏账费用。

当贷款发生价值减损时，债权人应基于预期未来现金流量的现值计量减值情况，采用的折现率为贷款的实际利率法。贷款实际利率是经过任何递延贷款费用净额（net deferred loan fees）或成本、溢价或折价调整之后的合同利率。此外，如果存在可观察的市场价格，减值可基于此类市场价格或任何抵押品的公允价值进行计量。

舞弊风险 No. 6.2

为了确认最低金额的贷款减值，夸大抵押物公允价值的估计值。

估计未来现金流量的困难使折现现金流量模型特别容易引发舞弊。当审计师或其他人士对估计值进行评估时，应考虑过去估计情况的准确性。这些估计值通常由内部得到，进而难以评估。在某些方面，抵押物公允价值的评估有时可能更容易审计或验证，因为可能存在更可靠的外部证据来支持这项估值。

债权人被允许在逐项贷款的基础上选择计量方法。由此，当一些贷款项目基于折现现金流量的估计值计量、一些基于可观察的市场价格计量而另一些基于抵押物的公允价值计量时，分析将变得十分困难。

在转移中取得的已发生信用恶化的贷款适用特殊的规则。根据此类贷款的取得时间，会计处理可以适用两种模式。SOP 03-3《在转移中取得的特定贷款或债务性证券的会计处理》适用于2004年12月15日后开始的财政年度取得的贷款。AICPA第6号实务公告《某些外购贷款的折价摊销》则适用于上述日期之前取得的贷款。

对这两种模式的详细解释已超出本书的范围，并且，根据我们的目的也无实际必要。每一种模型均要求确定在贷款寿命期内将可收回的预期未来现金流量。当这些估计表明，贷款的购入方将不能收回以前预计的现金流量时，应认为该项贷款已经发生减值，需注减该资产的账面价值。

6.3 确认与计量——IFRS

根据IAS 39的要求，任何金融资产或金融负债在初始确认时应以其公允价值计量（对于贷款与应收款项，该公允价值通常将等于其初始成本）。对于不采用以公允价值计量且其变动计入当期损益这一方式核算的贷款或应收款项，可直接归属于该资产取得或发行当时的交易成本，也应计入该公允价值计量中。

然而，在初始确认之后，贷款与应收款项应采用实际利率法以摊余成本计量。

实际利率法——IFRS

如IAS 39第9段所描述的，实际利率法是一种计算金融资产或金融负债（或者金融资产或金融负债的组合）的摊余成本以及在相关期间内分配利息收益或利息费用的方法。实际利率是将金融工具预期寿命期限内或适当场合下一个更短的期间内，估计的未来现金支付额或收款额恰好折现为该金融资产或金融负债账面净额的利率。在计算实际利率时，主体应

> 在考虑该项金融工具所有合同条款的基础上对现金流量（如预付额、买入及类似期权）作出估计，但不应考虑未来的信用损失。这项计算包括合同各方之间支付或收取的作为实际利率必要构成部分的所有佣金与点数（fees and points）（参见IAS 18《收入》）、交易成本，以及所有其他溢价或折价金额。其中，应假设一组相似金融工具的现金流量与预期寿命能够可靠估计。然而，在不能可靠估计一项金融工具（或金融工具组合）的现金流量或预期寿命的极少数场合，主体应采用该项金融工具（或金融工具组合）在完整合同期限内的合同现金流量。
>
>

与前文对美国GAAP条款的解释类似，如果存在贷款与应收款项减值损失的客观证据，损失金额的计量应等于以下两者之间的差额：(1) 该项资产的账面金额；(2) 估计的未来现金流量（不包括尚未发生的未来信用损失）按该项金融资产原始实际利率（即在初始确认时计算的实际利率）折现的现值。此时，直接减记或通过备抵账户调低该项贷款或应收款项的账面金额。损失金额必须确认于当期损益（而非其他全面收益）中。

7

无形资产与商誉

无形资产是不具有实物形态但能提供未来经济利益的资产，通常表现为具有创造收益的能力。无形资产包括版权、商标与服务标志、专利权、客户名单（customer lists）、合同或销售储备（contract or sales backlogs）以及多种以合同为基础的资产。无形资产可以产生于以下任何一类活动：

- 由资产所有者通过以开发无形资产为目的的特定项目或者经过一定期间的积累而形成一项资产（如逐渐开发客户名单）；
- 通过与其他方的交易活动而单独购入（如从其他主体购入一项合约）；
- 在与另一主体合并或收购另一主体的过程中取得。

本章讨论从第一类与第二类活动中取得的无形资产。第八章将重点分析兼并与收购，包括企业并购中取得的无形资产。

商誉与某些无形资产具有许多相似之处，因此，有些文献经常同时对无形资产与商誉进行讨论。但是，商誉被视为一类单独的资产，并被界定为主体的收购成本超过分配给所取得资产与所承担负债净额的部分。内部开发形成的商誉不确认为一项资产。商誉产生于企业合并,因此,其初始确认将在第八章“企业合并”中解释。但是,本章在讨论无形资产初始确认后的会计处理时,将涵盖商誉。

7.1 美国 GAAP 与 IFRS 的资料来源

美国 GAAP 对无形资产会计处理的解释见于 SFAS 142《商誉与其他无形资产》中。规范无形资产的国际会计准则则是 IAS 38《无形资产》。容易发生操纵行为的是以下四个关键的会计问题:

1. 无形资产相关成本的资本化和费用化;
2. 无形资产的账面金额(账面价值);
3. 无形资产在不确定使用寿命资产(不需摊销)与有限使用寿命资产(需要摊销)之间的分类;
4. 为计算摊销费用,恰当使用寿命的确定。

本章将对上述每一问题作出解释。有些问题(譬如是否将无形资产的开发成本资本化)本身并非公允价值会计问题。但是,由于后面直接与公允价值会计相关的章节以这些前面讨论的问题为基础,本章将对所有上述问题进行解释。

7.2 资产与费用

根据 IFRS 与美国 GAAP,与无形资产相关的研究成本应在其发生时费用化。通常,研究包括收集知识、评估信息、开发或调查备选方法以及设计潜在的新的或改进的产品、系统或服务。在研究阶段之后,开发无形资产的成本可以资本化,但必须满足特定的条件。在这一点上,美国 GAAP 下适用的标准与 IFRS 有所不同。通常情况下,根据 IFRS 将开发成本资本化的可能性要高于适用美国 GAAP 的情形。

根据 SFAS 142,只有在以下所有特征均得到满足时,内部开发无形资产的成本才可以资本化：

1. 该无形资产是具体可辨认的；

2. 该资产具有确定的使用寿命(具有有限的和可确定的使用寿命)；

3. 该资产并非一项持续的业务所固有,且不与主体整体相关。

若未能满足上述三项标准中的任何一项,那么,与内部开发无形资产相关的成本将需要费用化,而不能资本化。如果管理层错误地表述前述 SFAS 142 所描述的任何一个要素,那么,便可能发生不恰当地将本应作为费用报告的成本资本化这一形式的舞弊。这类舞弊的后果是高估资产、低估费用并由此高估利润。

舞弊风险 No. 7.1

当资产的确认标准未得到满足时,将内部开发无形资产所发生的成本资本化。

根据 IAS 38,必须同时满足六项标准,才可以将开发无形资产的成本资本化。但是,这些标准主要涉及主体完成这项资产开发的可行性和主体从该项资产上产生未来经济利益的可能性。

此外,IAS 38 指出,无形资产必须是可辨认的。这与 SFAS 142 的第一项与第三项标准类似。可辨认的资产必须满足以下两项标准之一：

1. 该资产必须与主体相分离或者能够与主体相分离,并且,该资产可以出售、转移、特许使用或出租；

2. 该资产必须产生于合同或其他法定权利,而不论这些权利是否可转移或者独立于主体或其他权利及义务。

IFRS 的标准不及美国 GAAP 严格之处在于 SFAS 142 所描述的第二项标准。IFRS 并无此类关于内部开发的无形资产必须具有有限且可确定使用寿命的要求(这意味着这类无形资产必须是可摊销的,见后文的解释)。

根据 IAS 38 与 SFAS 142，单独购入的无形资产（关于从企业合并中取得的无形资产，见第八章的解释），如从其他主体或个人购入的无形资产，在满足可辨认与具有未来经济利益的标准时，通常可予以资本化。

提示

SFAS 142 的资本化标准向内部开发无形资产的主体施加了一项两难的会计选择。SFAS 157 下的公允价值概念以不存在关联关系的外部人士愿意为资产支付的金额为基础。于是，许多内部开发的无形资产明显具有这一意义上的公允价值，因为外部人士将乐意为取得这些无形资产而作出支付。然而，为了采用公允价值会计，该项目首先必须满足资产的定义。SFAS 142 确认资产的标准则重点关注与公允价值无关的问题，并且满足这些确认标准十分困难。

7.3 网站成本

在今天的经济生活中，企业为其在互联网上的表现倾注了大量资源。与主体网站相关的成本是否应资本化？还是在发生时费用化？当规则适用错误时，这一会计问题容易诱发舞弊。美国 GAAP 与 IFRS 均对这一问题做了讨论。

根据 IFRS，2002 年 3 月发布的 SIC 第 32 号《无形资产——网站成本》认为，主体的网站代表一项内部开发的无形资产。因此，在确定成本是否应作为一项资产核算或作为经营费用处理时，应采用前文已经作出解释的 IAS 38。SIC 32 指出，证明网站将如何产生潜在的未来经济利益可能要求对该网站能够产生的未来收入作出说明，包括通过网站生成订单所带来的直接收入。

美国 GAAP 在 EITF 00-2 中讨论了网站成本的问题。与 SIC 32 不同，EITF 00-2 并未将网站划分为一项无形资产。相反，EITF 00-2

对哪些与网站相关的成本应资本化为资产和哪些成本应在发生时费用化提供了指南。该文件中的指南与 SOP 98-1 类似,后者致力于供内部使用的软件的成本问题。EITF 00-2 认为,在筹划期间发生的所有网站成本应在发生时费用化。但是,在应用与基础构建开发阶段和工程制图与内容开发阶段发生的某些成本,通常应参照 SOP 98-1 中的指南资本化。所有经营阶段的成本则应在发生时费用化。

7.4 计量

根据美国 GAAP,无形资产在初始记录时应采用公允价值。给定资本化的无形资产这一性质,从第三方购入的无形资产,其公允价值通常等于该项资产的购买价格,或者如前面解释的开发成本的累计发生额。

然而,如果以一个单一的金额从资产持有人处购入一组无形资产,那么,应以各项无形资产的相对公允价值为基础对支付的金额进行分配。这类交易可能容易发生公允价值会计舞弊,采取的形式是向无需摊销或具有较长使用寿命的资产分配过多购买价格,而向具有较短使用寿命的资产分配较少购买价格。这类舞弊将导致保留在账簿中的无形资产长于恰当的时间期间。无形资产摊销将在后文作进一步解释。

与 IFRS 不同,在无形资产初始确认之后,SFAS 142 并未要求确认由资产公允价值的后续增加形成的利得。只有因公允价值的后续降低所产生的减值损失和累计摊销,才应予以记录。这将在后面解释。

IFRS 下将公允价值的后续增加记录为利得的可能性引发了另一类舞弊风险,这在美国 GAAP 下并不存在。

舞弊风险 No. 7.2

宣称无形资产的公允价值已发生增长，并错误地将这部分增长记录为利得（仅为 IFRS 下的风险）。

根据 IAS 38，无形资产应以成本进行初始计量。在初始确认之后，IAS 38 则允许主体以成本（减去任何累计摊销与减值损失）或公允价值记录无形资产。IAS 38 允许主体选择重估值模型，即当证据表明无形资产的公允价值已经增加时，可以增记其账面金额。然而，只有存在活跃市场的无形资产，才可以选择重估价模型。并且 IAS 38 指出，如果无形资产非常特殊，譬如品牌、音乐、版权与商标，那么，这类无形资产并不存在活跃市场。

当根据 IAS 38 记录无形资产的公允价值增加时，这部分利得将在其他全面收益中报告，并采用重估价盈余（revaluation surplus）这一名称在权益中累积（即将这些利得与其他利得相分离，并且此类利得的累计金额与权益中其他留存收益相分离）。因此通常情况下，应能容易地确定采用 IFRS 的主体是否已经记录由无形资产的价值重估形成的利得。

7.5 有限使用寿命的无形资产

美国 GAAP 与 IFRS 均将无形资产划分为两种类型：(1) 有限使用寿命的无形资产；(2) 不确定使用寿命的无形资产。对于具有有限使用寿命的无形资产，应在估计的使用寿命期限内进行摊销（按比例费用化）。使用寿命通常以月份或年份表示，但也可以采用产量或其他有用的计量方式。无形资产使用寿命的最重要决定因素包括以下九项：

1. 相似资产的产品生命周期；
2. 技术变革的速度；

3. 估计其他无形资产使用寿命的历史经验；

4. 主体对该项资产的预期使用方式；

5. 该预期使用方式是否取决于其他资产或其他主体；

6. 延长或维持使用寿命所必要的维护程度及成本；

7. 行业竞争者预期将采取的行动或已知的行动；

8. 管理层对该项资产的计划（譬如，研究阶段是否已有重置技术，管理层是否希望较快地将其推向市场）；

9. 明显的折耗程度。

使用寿命一旦确定，该资产的账面金额在减去任何预期残值后，须在该使用寿命期间内进行摊销并确认费用。

有限使用寿命的无形资产可能具有固定且可容易确定的使用寿命，如某些约定了期满日的合同、租赁及其他许多资产。然而应指出的是，如果固定的期满日可以十分容易地进行更新或无限期延长（譬如，仅仅以象征性的收费或努力进行重新注册或再次申领执照），那么，可以认为该项资产的使用寿命并不确定。显然，通过错误地阐述某项更新或延期将是可实现的，可以轻而易举地使一项本应摊销处理的资产免于摊销。

其他有限使用寿命的无形资产并不具有法定的固定寿命，相反，其使用寿命需要进行评估。这些评估应建立在管理层对该项资产的预期使用、可能的折耗影响、必需的维护程度、竞争者的预期行动、相似资产的生命周期以及其他任何相关因素的基础之上。显然，应仔细核查这些评估。

舞弊风险 No. 7.3

将具有有限使用寿命的无形资产置于一个不具有现实意义的较长期使用寿命期内摊销（包括当新信息表明应对评估作出修订时，仍不缩短这一使用寿命）。

此外，如果情况表明，以前期间对使用寿命的评估不再准确这一点已十分明显，那么，应调整对使用寿命的评估，并相应调整以后期间需确认的摊销费用。评估的变动有别于对以前期间财务报表中错误的更正。当具有这一性质的会计评估发生变更时，不会对当前的余额产生影响。相反，以后期间的摊销费用将会被调整。

例如，一项原始入账基础为＄100 万的无形资产曾经评估为具有十年的使用寿命，进而，每年的摊销费用为＄100 000。但是，如果在第三年管理层意识到，该项资产将很可能只能在六年的总期限内使用，那么，情形将会如何？在第三年的年初，该项资产的账面价值为＄800 000（原始入账基础＄100 万减去每年＄100 000、共计两年的摊销额）。但是，这项账面价值为＄800 000 的资产现在的剩余使用寿命仅为四年。因此，第三至第六年间的摊销费用将以每年＄200 000而非＄100 000 的速度计提。当这类使用寿命的变更被认为具有重大性时，应适用特殊的附注披露条款。但是，这也是一种延长（或不缩短）资产使用寿命的潜在舞弊方法，以此粉饰主体的财务状况。

为了摊销目的而在资产初始确认时确定一个不具有现实意义的较长期使用寿命，这显然构成一项舞弊风险。不缩短使用寿命的做法则未必经常会受到关注，但仍是一项舞弊风险。

7.6 残值

如果无形资产存在残值，那么，残值的确定过程构成一种利用公允价值会计实施财务报表舞弊的潜在情形。根据美国 GAAP 与 IFRS 的要求，有限使用寿命之无形资产的应计摊销金额应在资产的总额基础上减去任何残值。

舞弊风险 No. 7.4

夸大有限使用寿命之无形资产的估计残值，由此降低每年应借记为摊销费用的金额。

尽管使用的语言表达方式略有不同，美国 GAAP 与 IFRS 对残值的界定是类似的。除非出现以下情形之一，应假定残值为零：

1. 第三方承诺在使用寿命结束时购买该项无形资产；

2. 残值可参照当前市场进行估计，并且该市场在资产使用寿命届满时很可能存在。

以上两个因素均可能引发舞弊。但是，第二个因素特别容易受有关该类资产的公允价值与市场存在与否的重要判断的影响。因此基于确定残值时可能涉及的判断程度，第二个因素更容易引起舞弊。

7.7 不确定使用寿命的无形资产

不确定使用寿命的无形资产不适用于摊销处理。相反，应定期测试这类无形资产的公允价值是否发生减值。如果公允价值已经降至账面价值以下，那么，应记录为减值损失。关于无形资产减值测试的更多讨论，见后面的章节。

舞弊风险 No. 7.5

为了以不扣减摊销的金额基础记录一项无形资产，正如对分类为有限使用寿命之无形资产所作的要求那样，不恰当地声称该项资产的使用寿命不确定。

此外，当主体注意到新出现的信息时（如技术进步很可能使以前被认为使用寿命不确定的资产在若干年内遭到废弃），原先认为具有不确定使用寿命的无形资产可能需要转换为有限使用寿命的资产，并进行摊销处理。这也是一个棘手的领域——评估是否可以为一项以前认为具有不确定使用寿命的资产估计一个有用性结束的时点。一旦能够对资产有用性的结束时点作出合理估计，那么，便应在该段期间内开始对这项资产进行摊销。

7.8 减值损失

在美国 GAAP 中,两份不同的会计准则分别对无形资产减值测试作了讨论。对于具有有限使用寿命、适用摊销处理的无形资产(或转换为有限使用寿命的无形资产),减值测试的指南涵盖在 SFAS144 中,第九章将对之进行解释。不确定使用寿命的无形资产(不适用于摊销处理)与商誉的减值测试则属于 SFAS 142 规范的范畴。

在 IFRS 方面,IAS 36 涵盖了所有类型无形资产的减值处理。该准则还适用于其他非金融资产的减值情形(参见第九章)。

> **舞弊风险** *No. 7.6*
>
> 未能恰当地测试或确认与商誉或其他具有不确定使用寿命的无形资产相关的减值情况。

对于不确定使用寿命的无形资产,SFAS 142 规定,减值测试的频率应不少于每年一次。如果确定减值已经发生,该项资产的基础应永久性地减记至较低的金额(公允价值)。损失则确认于盈利(当期损益)而非其他全面收益中。并且,不能在后续期间转回这类损失。

商誉是一类特殊的无形资产。它被视为使用寿命不确定的资产,意味着无需进行摊销。然而除非满足特定条件(如最近一次估值明显地高于该商誉的账面价值),商誉必须适用每年进行减值测试的要求。

商誉产生于企业合并。因此,当企业存在多个报告单元(reporting units)时,商誉需在特定报告单元之间进行分配。商誉代表了买方所支付的溢价(购买价格超过资产减去负债后公允价值净额的部分),这意味着买方看到了报告单元的某些内在价值。因此,持续关注该价值在后续期间是否发生降低的信号十分重要。商誉可能已经发生减值的迹象包括以下几种：

- 业务企业单元经营所处的行业进入衰退期；
- 企业经营所处的当地经济进入衰退期；
- 新的竞争者进入，或者现有竞争者不断取得进步；
- 主体或其竞争者的关键人员发生变动；
- 影响主体业务的法律与法规发生变动；
- 审计、检查或监管层的行动引起负面后果；
- 由意外事件、合法主张或其他破坏性事件引发的负公共性；
- 技术变革。

在减值测试过程中，存在多种不同的计算商誉公允价值的方法。商誉的活跃市场报价非常少见，但有时也可以查找。更常见的方法是采用盈利或收入的倍数，这在某些行业中经常使用。然而，最常见的方法或许是计算可归属于业务单元的估计未来现金流量的现值。

最后，如果业务分部将被出售或处置，那么，应确定归属于该单元的商誉是否发生减值，并在发生减值的情形下作最终的注销。

7.9 结束语

无形资产领域蕴含着“丰富”的发生舞弊的机会。资产的高估可以简单地通过将无形资产划分为具有不确定使用寿命的类型而实现。但是，事实上，此时该项无形资产具有可合理估计的有限使用寿命。通过这一方式，企业在账簿上记录该项资产时，便可无需扣减每一期间的摊销费用。其他可以夸大资产并低估费用、但不十分显眼的技术还包括采用不具有现实意义的长期使用寿命（将摊销费用在一个过长的期间内展开）、高估资产的任何预计残值（降低应摊销的基础，同时低估每一期间的摊销费用）或者不恰当地计算商誉或其他无形资产的公允价值。

评估是否正在利用上述任何一种方法以实现夸大资产的目的,将是非常困难的工作。这要求掌握有关特定无形资产的广泛知识。

8

企业合并

当一家企业与另一家企业合并或收购另一家企业时，对这一事项的会计处理很容易引发财务报表舞弊。所有取得的资产与承担的负债必须在收购方的账簿上进行记录。这为会计工作平添许多挑战，并要求明显地倚重于判断与估计。在任何涉及诸多判断与估计的场合，舞弊的风险便骤然增强。

8.1 美国 GAAP 与 IFRS 的资料来源

美国 GAAP 中对企业合并作出规范的是 SFAS 141《企业合并》(2007 年 12 月已作修订)。本章对 SFAS 141 的所有引用均参照修订后的版本。SFAS 141 也提及其他两份有关企业合并的会计处理可能需要考虑的资料：

- ARB No. 51《合并财务报表》；
- FIN 46《可变权益主体的合并》。

在国际准则方面，规范企业合并的准则是 IFRS 3《企业合并》(2008 年 1 月修订)。

8.2 企业合并与资产并购

企业合并涉及取得一个或多个企业的控制权，进而并购这些企业中的资产与负债。如果购入的资产不构成一个企业，那么该项收购应作为资产并购而非企业合并来处理。这一概念可单独成为财务报告舞弊的基础，稍后将对此作出解释。

企业是以提供回报为目标、根据目标安排生产并进行管理的一系列活动和资产构成的整体。该类潜在的回报不局限于利润或股利，也可以表现为成本的降低或其他经济利益。这仍然满足企业的条件。企业由投入、运用这些投入的过程以及由此形成的产出构成。

根据美国 GAAP，企业合并是收购方取得一个或多个企业控制权的交易或其他事项。收购企业可以采用多种不同的方法，从典型的转移现金到转让其他类型资产、发行股票、承担或发生负债或者多种类型对价的综合运用。

从合法性与税务角度，也存在多种处理收购的不同方式。此处举三个例子：

1. 一个企业成为另一个企业的全资子公司；
2. 一个企业的资产转移至另一个企业，由此成为后者的资产；
3. 创设一个新的主体，双方企业的资产均转移至该新主体中（这项技术有时也称为“卷筒交易”(roll-up transaction)）。

通常，确定哪一个主体为收购方、哪一个主体为被购方是一个简单的步骤。但是，有时这一点却不十分清楚，尤其是在多个主体参与合并的情形中。修订后的 ARB No. 51《合并财务报表》提供了辨别收购方主体的指南。其他指南则可以在 SFAS 141 的附录中找到。当收购涉及可变权益主体时，则应参考 FIN 46《可变权益主体的合并》。

舞弊风险 No. 8.1

将资产并购不恰当地作为企业合并核算，导致购买价格的舞弊性分配。

将企业合并区别于资产并购时存在的舞弊风险是：对于资产并购，购买价格需在购入的各项资产之间进行分配。类似的原则也适用于企业合并，因为购买价格需在取得的各项资产与负债之间进行分配。然而，企业合并中可能产生商誉，这在资产并购中则不会出现。此外，在企业合并中，有时可以更容易地证明以下处理方式的合理性——将一部分购买价格分配给取得的（甚至并未出现在被购方主体财务报表中的）无形资产。

将资产并购错误地表述为企业合并的后果是：如果一部分购买价格被分配给商誉（或许还有其他无形资产），那么，资产将在长期内一直被夸大。第七章的内容显示，商誉是无需进行摊销的。相较于将购买价格分配给应计折旧（应摊销）或可消费的资产，前者将使资产在账上保留更长的时间。

8.3 企业合并的会计处理

美国 GAAP 与 IFRS 均禁止采用权益集合法（pooling-of-interest method）核算企业合并。根据权益集合法，收购方在账簿中记录合并中取得的资产时，通常采用该项资产原先在被购方主体账上的账面价值。

相反，美国 GAAP 与 IFRS 均要求，在企业合并中取得另一主体资产与负债的主体应以各项标的资产与负债的公允价值为基础，将购买价格分配至各项可辨认的购入资产与承担的负债。IFRS 3 将这一处理方式称为并购法（acquisition method），SFAS 141 则称之为购买法会计（purchase method of accounting），但二者的基本概念相同。基于本书讨论的目的，对这两份准则之间的差异不加以重点讨论。

在企业合并中，收购方应采取以下步骤恰当地核算企业合并这类经济交易：

1. 辨别在交易中取得的所有资产，注意有些资产尤其是无形资产在被购企业的账簿中可能并未表述为资产（第七章的内容显示，现有规范经常不允许无形资产的开发者将与开发过程相关的成本资本化，即便对于外部人士而言，该项资产可能具有价值，并在事实上有助于为资产开发者带来收入）。关于辨别无形资产的更多指南，见下一章节；

2. 辨别在交易中承担的所有负债；

3. 确定并购日，即收购方主体取得被购方控制权的日期。这是一个重要的日期，因为下一步骤——公允价值会计处理——将从并购日开始展开；

4. 确定并购日每一项可辨认的购入资产与所承担负债的公允价值；

5. 确定与交易相关的购买价格，这可能涉及现金以外的项目；

6. 确定从交易中产生的任何商誉范围，这可简单地表述为购买价格超过交易中取得的资产减去所承担负债后的公允价值净额；

7. 计量并确认对被购方的任何非控制性权益。这一步骤适用于购买方取得另一主体中的权益低于100%的情形。关于非控制性权益会计处理的更多指南，可参见 SFAS 160。

IFRS 3 也确定并描述了与美国 GAAP 基本相同的步骤。

在特殊场合，步骤 6 会确认一笔廉价购买（bargain purchase）——购买价格低于所取得资产与所承担负债的公允价值净额。通常，当此类情形发生时，购买方应在并购日确认一项利得。该项利得在盈利（当期损益）中确认。

然而，在确认利得前，SFAS 141 明确指出，“请核查你的数字”。该准则要求，收购方应“再次评估是否已经准确无误地辨认了所有取得的资产与所有承担的负债”。同时，准则声明，收购方应重新考虑向资产与负债分配公允价值时所采用的方法与程序。

舞弊风险 No. 8.2

通常采取向无需计提折旧或进行摊销的资产或者具有更长使用寿命的资产作过多分配的形式，不恰当地分配企业合并中的购买价格。

在分配企业合并中的购买价格时，可能产生以下几种主要的舞弊风险：

1. 向不满足确认条件的无形资产分配一部分购买价格。这将在下一章节作更详细解释；

2. 向无需计提折旧或进行摊销的资产分配过多的购买价格。这些资产包括：

a. 土地

b. 具有不确定使用寿命的无形资产（见第七章）

3. 相较于具有更短使用寿命或将在近期消费的资产，向具有更长使用寿命的资产分配过多的购买价格。这可使主体在更长的时间内将购买价格中的更多份额作为资产保留在财务报表上。譬如，向使用寿命为40年的建筑物分配较多的购买价格，而向使用寿命为7年的设备分配较少的购买价格，这将使资产的账面价值在更长的时间内得到延伸；

4. 不确认所承担的与企业合并相关的负债。

测试合并中购买价格的分配是一项复杂的程序，可能要求动用具备广泛估值技术的外部专家，包括不动产评估师、行业专家以及知识产权领域的专业人士的力量。

8.4 无形资产的辨认

在企业合并中，收购方应将所取得的任何可辨认无形资产与商誉区别开来进行确认。这一句中的关键词语是可辨认。只要具备以下两个特征之一，便可认为该项无形资产是可辨认的：

1. 可分离，意味着该项资产可以与主体相分离，并能够出售、转让、特许使用、出租或交换（而不论收购方主体在事实上是否这么做）；

2. 产生于合同或其他合法权利，而不论这些权利是否可转换或者独立于主体或其他权利与义务。

在许多场合，可以较容易地辨认出各项无形资产，因为这本身是就购买价格达成一致的谈判整体的一部分。但是，在另一些场合，谈判阶段并未单独考虑无形资产问题，相反，重心在于被购入主体的整体性。此时，辨认无形资产将变得更加复杂。

舞弊风险 No. 8.3

将企业合并中购买价格的一部分不恰当地分配至不满足单独确认条件的无形资产。

在 SFAS 141 附录的第 A31、A36、A44、A46 与 A51 段，提供了一份较完整的可能在企业合并中取得并满足资产确认条件的无形资产清单，并将这些资产归入五个类型（归纳在以下方框中）。

无形资产

标记符号（L）的无形资产产生于合同或其他合法权利。标记符号（S）的无形资产不产生于合同或其他合法权利，但可以相互分离。需提请注意的是，所辨认的带有符号（L）的无形资产也可能是可分离的，但可分离性并非一项资产满足合同性—合法性标准的必备要求。

与营销相关的无形资产

- 商标、品牌、服务标记、联合商标、保证商标（certification mark）（L）
- 品牌外观（trade dress），指特别的颜色、形状、包装设计（L）
- 报刊的报头（L）

- 互联网域名(L)
- 非竞争性合约(L)

与客户相关的无形资产

- 客户名单(S)
- 订单或产品储备(L)
- 客户合同与相关的客户关系(L)
- 非合约性客户关系(S)

与艺术类相关的无形资产

- 剧本、歌剧、芭蕾舞剧(L)
- 书籍、杂志、报纸、其他文学作品(L)
- 音乐作品,如作曲、歌词、广告性短歌(L)
- 图片、照片(L)
- 视频与视听材料,包括动态图片或电影、音乐视频、电视节目(L)

合同基础的无形资产

- 许可证、版税、中止性协议(L)
- 广告、建筑、管理、服务或供应合同(L)
- 租赁协议(被购方是否为承租人或出租人)(L)
- 建筑许可(L)
- 特许经营权协议(L)
- 经营与传播权利(L)
- 服务性合同,如抵押服务性合同(L)
- 雇用合同(L)
- 使用权,如钻探、供水、供气、伐木与路线权(route authority)(L)

技术基础的无形资产

- 专利技术(L)
- 计算机软件与芯片(mask works)(L)
- 非专利技术(S)
- 数据库,包括产权库(title plants)(S)
- 商业秘密,如秘密公式、程序、处方(S)

8.5 分阶段实现的企业合并

在有些交易中,收购方取得的是在企业合并前已经持有股东权益、尽管并非控制性权益的主体之控制权。譬如,截至2008年12月31日,一个主体持有另一主体25%的权益。但在2009年1月1日,该主体购入了额外50%的权益,由此使其权益合计上升至75%。此时,该主体控制了另一主体,企业合并已然发生。

这类涉及多个步骤的程序有时称作分步并购(step acquisition)。SFAS 141则称之为分阶段实现的企业合并。

当这一情形发生时,收购方首先必须重新计量其在企业合并前已经持有的股东权益(即上例中持有25%的权益时)。此类重新计量必须采取公允价值。公允价值与账面价值之间的差额应确认为利得或损失,并计入盈利(而非全面收益)中。

舞弊风险 No. 8.4

为了操纵在盈利中确认利得或损失的时间安排或金额,不恰当地计算分步购入的主体中在企业合并前所持有的非控制性权益的公允价值。

如果在并购发生之前,收购方将股东权益的价值变动确认为一项其他全面收益(如果该项股东权益采取可供出售投资的处理方式,便属于这种情形。参见第四章),那么,这先前确认于其他全面收益中的金额必须重分类为利得或损失,在盈利(当期损益)中确认。

9

资产减值

当资产的公允价值降低至其在账簿中记录的金额(资产的账面金额)以下时,这项资产便发生了减值。应折旧(应摊销)资产与那些无需计提折旧或进行摊销的资产均可能发生减值损失。此外,减值损失可以在单项资产的基础上进行逐一辨认,也可以同时考虑一组资产的减值损失情况。

减值会计中一个可能引起困扰的问题是,根据所测试资产的性质,存在不同的减值损失确定标准。这在美国 GAAP 下尤为明显。如第四章所解释的,权益性与债务性证券投资适用自身的减值测试规则。而根据第七章中的解释,商誉与不确定使用寿命的无形资产亦有其自身的特定标准。

本章的重点是考察长期资产的减值,商誉等适用自身减值规则的资产则不在讨论之列。

与减值损失相关的一类最常见的长期资产是无形资产。如前面所解释的,有些无形资产需要在其估计的使用寿命期内进行摊销,而另一些无形资产则不适于摊销。不适于摊销的无形资产应定期评估其减值损失情况。但是,即便处于摊销或折耗中的无形资产,也可能发生减值损失。会计准则对因如何以及何时进行减值评估作出了具体规定。

在经济衰退时期,减值损失变得更为常见,包括那些应计提折旧的房地产。譬如,在本次经济衰退之前不久购入一项新建筑物的主体可能会认为,基于不动产市场价格的持续下跌,将资产的基础向下作出调整是必要的。

9.1 美国 GAAP 与 IFRS 的资料来源

美国 GAAP 中规范长期资产减值的是 SFAS 144《长期资产减值或处置的会计处理》。

在 IFRS 方面,与长期资产相关的资产减值存在两份资料来源。IAS 36《资产减值》涵盖主体使用中的各项资产。然而,如果非流动资产被划分为为出售而持有的类型,那么,这类资产的减值适用 IFRS 5《为出售而持有的非流动资产与终止经营》,而不是 IAS 36。根据 IFRS,一旦非流动资产为出售目的而持有,那么,应参照 IFRS 5 而非 IAS 36 进行核算。当资产的账面金额将主要通过资产出售而非经由该资产的持续使用收回时,该资产符合为出售而持有类型的界定。因此,绝大部分长期性质的非流动资产在最初购入时属于 IAS 36 的范畴,但在其后某个时点可能转变为为出售而持有的类型,此时应适用 IFRS 5。IFRS 5 要求,为出售而持有的非流动资产应以成本或公允价值(扣减出售过程发生的成本)孰低计量。

SFAS 144 与 IAS 36 在范围上存在一些重要的差异。但是,相似之处在于,这两份准则均将以下类型的资产排除在范围之外:

- 存货;
- 金融资产,适用单独的减值损失指南(美国 GAAP 方面,可参见与特定投资相关的 SFAS 115;IFRS 方面,则参见致力于金融工具问题的 IAS 39。第四章已对这两份准则作出解释。此外,IFRS 下的 IAS 40 讨论投资性房地产问题,见第十章解释)；

- 递延所得税资产。

但是，美国 GAAP 与 IFRS 的区别在于，IAS 36 适用于所有无形资产(除了由特定保险合同产生的无形资产)，包括商誉。SFAS 144 则特别地将以下类型的无形资产排除在范围之外：

- 商誉；
- 将要持有并使用的、不需进行摊销处理的无形资产(即根据前面章节的解释，这些无形资产具有不确定使用寿命)。

在开发 SFAS 144 的过程中，FASB 认为，SFAS 142 中包含的商誉单独减值标准(第七章已作出解释)应予以保留。这导致商誉的减值测试方法与其他无形资产有所不同。因此，适用 SFAS 144 减值标准的无形资产是那些具有有限使用寿命且需进行摊销的类型。

SFAS 144 与 IAS 36 在范围方面还存在其他一些差异，但从本章讨论的目的考虑，对这些差异不进行重点论述。

9.2 减值损失的界定

根据 SFAS 144 的要求，如果长期资产的账面金额不可收回(如通过销售的方式)，并且账面金额已经超过其公允价值，那么需要确认一项减值损失。

IAS 36 采用了一个措辞略有不同但十分相似的概念。但是，对于某些资产而言，这一概念可能得出不同的结论。IAS 36 指出，当资产的账面金额超过其可收回金额时，减值损失便发生了。其中，可收回金额被界定为资产的公允价值减去销售成本后的余额和资产使用价值这两者中的较高者。使用价值则被界定为预期将收到的未来现金流量的现值。

换而言之，根据 IAS 36，当资产的账面金额超过其可收回金额时，便存在一项减值损失。其中，可收回金额是以下两者中的较大者：

- 公允价值减去出售成本；
- 未来现金流量的现值。

回想一下，IAS 36 仅仅适用于那些主体使用中的资产，而不适用于那些为出售而持有的资产。因此，公允价值需按照公允价值或该资产使用价值两者中的较高者计量。

使用价值

IAS 36 第 30 段指出，资产使用价值的计算应反映以下各项要素：

a. 关于主体预期从该项资产上取得未来现金流量的估计；

b. 上述未来现金流量的金额或时间安排可能发生变动的预期；

c. 以当前市场无风险利率表示的货币时间价值；

d. 因承担资产所固有的不确定性而需付出的代价；

e. 市场参与者在评价主体预期从该资产取得的未来现金流量时将会仔细考虑的其他因素，如非流动性。

第 39 段进一步指出，未来现金流量的估计应考虑以下几方面内容：

a. 对持续使用资产所产生的现金流入的预测；

b. 为形成持续使用资产的现金流入所必须发生的现金流出以及可直接归属于该资产或可在合理、一致的基础上分配至该资产的现金流出的预测；

c. 在资产使用寿命结束时处置该资产所能收到（所需支付）的净现金流量（如果存在）。

美国 GAAP 与 IFRS 在定义方面的差异，可能得出关于减值损失的不同结论。基于这些差异的存在，最经常出现的后果是根据 IFRS 确认减值的时间会早于美国 GAAP 下的结论。这主要是基于以下两个因素：

1. SFAS 144 对可收回性的测试以未经折现的现金流量为基础（即无论未来有多久，该资产的账面金额是否可收回），而 IAS 36 采用未来现金流量的现值为测试依据；

2. SFAS 144 将减值建立在账面金额是否超过公允价值的判断上，而 IAS 36 采用扣减出售成本后的公允价值。回想第二章的内容，SFAS 157 所界定的公允价值将确定资产公允价值过程中的交易成本排除在外。

这些差异(尤其是上述第一项)可能同时导致对减值的确认与计量产生显著差异。

9.3 何时测试减值

关于何时应对长期资产的价值减损情况作出测试这一问题，美国 GAAP 与 IFRS 的规范是一致的。

SFAS 144 指出，只要事件或环境变化表明资产的账面金额可能无法收回，那么，应对该资产进行减值测试。此外，该准则指出，商誉与不适用摊销处理的无形资产(即具有不确定使用寿命的无形资产)应至少每年进行减值测试。

IAS 36 与 SFAS 142 类似，也要求即便不存在明显的减值迹象，每年也要测试具有不确定使用寿命的无形资产与商誉的可能减值。此类减值测试未必在年末进行，一年的任何期间均可以进行减值测试。但是，每年进行减值测试的时间应保持一致。

IAS 36 指出，对于无形资产以外的其他资产，只有当迹象表明资产可能已经发生减值时，才应测试其减值损失情况。这与 SFAS 144 的规定类似。

9.4 资产减值的迹象

恰当记录减值损失的一个关键要素是恰当地确认减值损失可能已经发生的信号。同时，舞弊检验师或审计师在评价减值损失是否可能已经从财务报表中遗漏时，也应关注这些信号。美国 GAAP

与 IFRS 均确定了一些表明减值可能存在的最重要的警示性信号。

美国 GAAP 下的减值损失迹象

SFAS 144 第 8 段指出,当下列事件或环境变化发生时,长期资产的账面金额可能已经无法收回:

a. 长期资产(资产组合)的市场价格显著降低;

b. 长期资产(资产组合)的使用程度或方式或者实物形态发生显著的不利变动;

c. 可能影响长期资产(资产组合)价值的法律因素或企业氛围发生显著的不利变化,包括监管层的负面行动或评价;

d. 累计成本明显超过最初预计可以从该长期资产(资产组合)的购置或建造中取得的金额;

e. 当期发生经营性亏损或现金流量损失,并且历史上也存在经营性亏损或现金流量损失,或者预测或预期长期资产(资产组合)的使用将继续发生损失;

f. 当前的预期表明,长期资产(资产组合)"很可能"在明显早于以前估计的使用寿命结束前被出售或处置(术语"很可能"是指可能性程度超过 50%)。

根据美国 GAAP 与 IFRS,不确认与长期资产相关的减值是一类特别具有挑战性的舞弊风险。在许多场合,当资产处于崭新状态时,评估其公允价值是较为容易的。随着资产的使用与逐渐老化,市场可比性越来越低,可获取的市场价格需要经过重大调整才能确定其使用年限、使用状况、折耗程度等。这在专用设备、特殊建筑物以及其他某些资产方面经常发生。

在现实中,有些资产可能会随着时间的推移而变得更容易估值。有时,一些无形资产便属于这一情形。在最初取得无形资产时,评估其未来现金流量可能非常困难。但是在经过一个较短的时期确立现金流的基本情况后,预测以后若干年的现金流量可能变得更加可靠。

有一件事是确定的——基于2009年经济危机的全球属性及其严重性，许多主体的资产已经不可避免地发生了减值。

舞弊风险 No. 9.1

不确认某项资产上已经发生的减值。

当主体有意不确认一项减值损失时，采取的策略是隐藏损失已经发生这一事实。这可以通过隐瞒可表明损失的相关事实来实现，也可以通过错误地刻画或不恰当地描述该资产的性质而达成。舞弊的实施者希望，财务报表的读者将不会发现这些表明减值损失已经发生的警示性信号。

IFRS下的减值损失迹象

IAS 36《资产减值》制定了有关确定资产减值是否已经发生的指南。该准则的第12段指出，在评估是否存在资产可能已经发生减值的迹象时，主体至少应考虑以下事项：

外部信息来源：

a. 在该期间内，资产市场价值的降低幅度明显大于随时间的推移或正常使用所能预期的情形；

b. 在该期间内，主体经营所处的技术、市场、经济或法律环境或者资产所在的市场已经发生对主体具有负面效应的显著变化，或者将在近期内发生上述变化；

c. 在该期间内，市场利率或其他市场投资回报率已经上升，并且此类上升很可能影响在计算资产使用价值时采用的折现率，进而使资产可收回金额发生实质性下降；

d. 主体净资产的账面金额大于其市场资本化金额；

e. 可以获得资产发生折耗或物理毁损的证据；

f. 在该期间内,资产的实际或预期使用程度或方式已经发生对主体具有负面影响的显著变化,或者预期将在近期发生上述变化。这些变化包括:资产逐渐闲置、计划终止或资产所在经营活动的重构、计划在以前预计的日期前处置资产以及将资产的使用寿命重新评估为具有有限的而非不确定的使用寿命;

g. 从内部报告获得的证据表明,资产的经济业绩已经或将会低于预期。

IAS 36 第 14 段对项目(g)作了拓展,指出来自内部报告的表明资产可能已经发生减值的证据包括以下几种:

a. 购置该资产所需的现金流量或者运行或维护该资产所需的后续现金需求显著高于原先的预算;

b. 来自该资产的实际现金净流量或经营性损益显著低于原先的预算;

c. 来自该资产的预算现金净流量或经营性利润显著降低或预算损失显著增加;

d. 将当期金额与未来预算金额相合计时,该资产出现经营性损失或现金净流出。

上述外部因素列表中的第三项(市场利率)是 IFRS 与美国 GAAP 之间存在潜在显著差异的地方。回想一下前面对减值损失定义的解释,美国 GAAP 将未折现现金流量与账面金额相比较,IFRS 则通过比较未来现金流量的现值与账面金额来确定是否已发生损失。由此按照 IFRS,市场利率的变化可以是一个减值的迹象。但是根据美国 GAAP,这并不必然构成一个影响因素。

舞弊风险 No. 9.2

确认一项减值损失,但是通过不恰当地使用计量技术,低估损失的程度。

9.5 减值损失的程度

如前面所解释的，根据公允价值或预期现金流量法，减值损失在金额上等于资产的账面价值超过其可收回金额的部分。然而，通过在财务报表上进行确认而承认减值已经发生，这事实上可能是一种掩饰一笔更大金额损失的方式。

根据这一方式，可以采用一种完全不同的策略。通过承认某项损失已经发生，舞弊实施者希望，读者将会假定财务报表是诚实报告的。财务报表编制者通过主动披露损失的存在，营造了一种诚实的氛围。由此，读者可能不会非常仔细地审查该损失的计算过程。

因此，已经确认的减值与并未发生减值这一结论一样，应经过非常仔细的分析。

9.6 以前期间减值损失的转回

关于以前期间减值损失的转回问题是美国 GAAP 与 IFRS 之间存在明显差异的又一个领域。SFAS 144 与 SFAS 142 均不允许转回以前期间已经确认的减值损失。根据美国 GAAP，减值损失的确认是永久性的。

舞弊风险 No. 9.3

不恰当地转回以前期间确认的减值损失(仅 IFRS 下适用)。

除了商誉，IAS 36 允许转回以前记录的所有无形资产上的减值损失。类似地，IFRS 5 也允许转回减值损失。根据 IAS 36 与 IFRS 5，转回的减值损失绝不能超过以前期间确认的累计损失金额。

IFRS 下减值损失的转回

IAS 36 第 111 段指出，在评估是否存在任何迹象表明以前期间对商誉以外的资产所确认的减值损失可能不再存在或已经减少时，至少应考虑以下因素：

外部信息来源：

a. 在该期间内，资产的市场价值已显著增加；

b. 在该期间内，主体经营所处的技术、市场、经济或法律环境或者该资产所在市场已经发生对主体具有促进效果的显著变化，或者将在近期内发生上述变化；

c. 在该期间内，市场利率或其他市场投资回报率已经降低，并且此类降低很可能影响在计算资产使用价值时采用的折现率，进而使资产可收回金额发生实质性增加。

内部信息来源：

d. 在该期间内，资产的实际或预期使用程度或方式已发生对主体产生有利影响的显著变化，或者预期将在近期内发生上述变化。这些变化包括该期间内为改进或加强资产的业绩或重构资产所属的经营活动所发生的成本；

e. 从内部报告获得的证据表明，该资产的经济业绩已经或将会好于预期。

对上述摘录的 IAS 36 作仔细审阅便可发现，只有当一项或多项关于资产可收回金额的基础估计已经发生变化时，才可以记录减值损失的转回。譬如，可收回金额的确定基础由公允价值扣减销售成本转变为使用价值，或相反的情形，可能是转回一项减值损失的合乎逻辑的潜在基础。类似地，改变未来现金流量的估计金额或时间安排，或者改变公允价值或销售成本的构成内容，也可能是转回减值损失的潜在可接受基础。

IAS 36 包含一条重要的原则,即无论从使用或出售的角度,减值损失的转回反映了估计的资产服务潜能的增加。IAS 36 要求主体辨别这些引起预期服务潜能增加的估计变化。

资产的使用价值可以简单地出于资产使用寿命临近、未来现金流量的现值增加而超过其账面金额。然而,在这一情形下,该资产的服务潜能事实上尚未增加。因此,IAS 36 禁止仅仅出于时间的推移而转回减值损失(有时称之为折价的释放(unwinding of discount)),即便此时该资产的可收回金额已大于其账面金额。

对于审计师与调查人员而言,上述禁止某些减值转回的条款是一个重要的考虑因素。如果仅仅基于时间的推移而导致现值增加,那么,转回原先以折现现金流量为基础确认的减值是被禁止的。只有其他估计因素发生变动,才可以适用转回条款。对于缺乏实践经验的审计师或调查人员而言,基于时间推移的转回似乎是合理的。然而,不允许确认此类利得,并且这事实上可以构成一种实施舞弊的方式。

根据 IFRS,可以记录的减值损失转回应以该项损失的金额为上限(即原始账面金额是账面金额的最大值,除非该项资产属于如房地产与设备等可记录上述利得的类型)。对于应摊销的无形资产,因转回而增记后的账面金额不能超过原始基础扣减累计至当前期间的摊销额后的账面金额。

在商誉问题上,IFRS 与美国 GAAP 对减值损失的转回条款是达成一致的。无论 IFRS 还是美国 GAAP,均禁止转回商誉项目上已经报告的损失。

当根据 IFRS 确认一项减值损失的价值恢复时,应在当期损益中进行报告,这与该项损失本身的分类是相似的。

10

房地产与设备(含投资性房地产)

房地产与设备(有时也称作固定资产和财产、厂房及设备)是这样一类资产:有实物形态且为长期性质的资产,通常使用寿命超过一年或一个会计期间。通常这些资产为生产商品或提供服务、出租给他人或管理目的而持有。

10.1 美国 GAAP 与 IFRS 的资料来源

规范房地产与设备会计处理的国际准则是 IAS 16《不动产、厂房与设备》。然而当房地产代表一项投资时,会计处理需参照 IAS 40《投资性房地产》。当房地产是基于出租或增值目的而持有,并非主体自身用于生产产品或提供服务或管理使用时,该房地产称为投资性房地产。同样,在正常的企业流程中为销售而持有的房地产(譬如,购入的和已出售的房地产,但并非持有目的的房地产)也被排除在 IAS 40 的范围之外。IAS 40 提供了大量满足和不满足投资性房地产处理条件的示例。

在美国,不存在一份单独的可以与 IAS 16 或 IAS 40 相对应的会计准则。相反,美国 GAAP 对房地产与设备的规范出现在大量文献资料中,包括针对资产定义的公告、处理利息资本化(SFAS 34)与折旧的公告(ARB No. 43 与 APB Opinion No. 12)。房地产与设备的减值适用 SFAS 144,该准则已在第九章中进行了讨论。

10.2 初始确认

无论是美国 GAAP 还是 IFRS,均要求房地产与设备在初始确认时应采用成本计量。并且,这两套会计准则均对房地产与设备在初始计量时应包含的成本构成作出解释,两者之间仅存在少量的潜在差异。譬如,IFRS 与美国 GAAP 均要求,购建期间的利息成本应资本化。但是,IFRS 允许购建期间内其他补助性成本也可以资本化。这在美国 GAAP 下是不允许的。

如果资产通过交换非货币性资产的方式获得,那么,该项新取得的资产应采用交易日的公允价值记录。

与房地产及设备相关的后续成本的核算本身不属于公允价值会计范畴,但是会对公允价值问题产生间接的影响。在绝大多数领域,IFRS 与美国 GAAP 对后续成本的处理方式是相互一致的。譬如,资产维护的后续成本支出应作为费用报告,而非资本化。此外,重置资产部件(譬如,某建筑物中的炉子)的成本应资本化为资产,同时注销被重置项目的账面金额。然而,两套准则之间也存在差异,这些差异因已超出本书的范畴而不加以讨论。

10.3 初始确认后的计量

在初始确认房地产与设备之后,IFRS 给出了一项会计处理的选择权,这在美国 GAAP 下是不存在的。IAS 16 允许主体在成本模式(即持续地采用扣减折旧后的成本金额记录该项资产)或重估模式下作出选择。根据重估模式,如果房地产与设备的公允价值已经增加，那么，其账面价值可以增记至原始账面金额以上。重估模式的选择不能以单项资产为基础。相反，某一项或另一项选择权必须选择应用于该类房地产与设备整体。IAS 16 确定的资产类型包括土地、土地与建筑物、机器设备、机动车辆、家具与固定装置以及办公设备。

IFRS 未对重估的频率作出规定，重估无需每年进行。相反，IAS 16 指出，重估应充分且有规律地展开，确保账面价值与公允价值不发生重大差异。此外，在 IAS 16 规定的诸多强制性财务报表披露要求中包含这样一个条款：如果选择了重估模式，那么必须披露独立的估值专家是否参与了房地产与设备的重估过程。

舞弊风险 No. 10.1

在重估模式下，记录房地产与设备公允价值的虚假增长（仅 IFRS 下适用）。

显然，重估模式引发了一项在美国 GAAP 下并不存在的额外舞弊风险。在某些场合，如某些存在大量市场基础证据的资产（譬如，存在相同或相似资产的市场，可以容易地作出比较），确定公允价值的因素可能十分简单。但是，在另外一些场合，发现可容易确定的市场价值可能存在困难。此时，IAS 16 建议采用收益法或考虑折旧因素的重置成本法（参见第一部分对这些估值技术的讨论）。

在重估模式下，可以通过多种方式人为地夸大房地产与设备的价值，包括以下三种方式：

1. 为了将某项资产与处于不同条件下的相似资产市场进行比较，错误地表述该项资产的状况；

2. 根据有关资产性能的误导性信息，错误地划分资产类型，导致将该项资产与市场中较高级别的资产进行比较；

3. 对于不存在活跃市场的资产，在根据收益法或考虑折旧因素的重置成本法确定其价值时，采用了不准确的数据。

另外一种对重估方法作出虚假表述的情形存在于利得本身的分类。IAS 16 指出,任何高于原始基础的利得必须在其他全面收益(而非当期经营性损益)中确认,并作为一个单独的类别在资产负债表的权益部分进行累积。如果主体通过与其他项目相合并而非分开确认的方式错误地将这类利得划分为其他经营性损益,那么,读者可能会受引起主体当年权益增加的构成要素的误导。

舞弊风险 No. 10.2

在重估模式下,通过将房地产与设备的价值增加不恰当地计入当期损益的方式,错误地划分这部分利得的类型(仅 IFRS 下适用)。

10.4 投资性房地产

对于指定为投资性房地产的项目,IAS 40 允许采用公允价值会计模式。然而,与 IAS 16 的公允价值模式不同,按照 IAS 40 的要求,公允价值的增值或贬值将作为当期损益的一部分进行报告(这与 IAS 39 下将其他投资分类为以公允价值计量且其变动计入当期损益的情形非常相似)。

一般而言,如果选择了公允价值模式,那么所有投资性房地产均须适用这一模式。然而,主体可以对所有用于支持负债的投资性房地产选用公允价值模式或成本模式。其中,负债所支付的回报与包括该投资性房地产在内的专门资产的公允价值或回报直接相关。此外,主体可以对所有其他投资性房地产选择公允价值模式或成本模式。

从一种模式转变为另一种模式(如公允价值模式转变为成本模式)必须满足前提条件,即转变模式后的表述更为恰当。但是 IAS 40 指出,公允价值模式转变为成本模式的情形几乎是不可能的。

IAS 40 为投资性房地产公允价值的确定提供了大量指南。有些指南类似于第一部分所解释的 SFAS 157 中的指南，譬如，采用活跃市场中的价格比内部估计更加可靠，需对那些与所讨论资产具有相似性但不完全相同的资产市场价格作出恰当调整。同时，IAS 40 建议利用独立鉴定人员的工作，但这不是强制性要求。

投资性房地产公允价值的确定不需考虑该项目与其他资产、所得税利益或所有者特有的其他因素之间的内部协同关系，也不应将以下情形考虑在内：有关所有者融资安排的任何要素，或者，不会对熟悉情况且自愿交易的买卖双方在就出允价值谈判的过程中将会考虑的情形产生影响的其他因素。

对于产生租金收益的投资性房地产，公允价值应根据租赁条款专门确定。譬如，如果房地产是经过装修的，那么，公允价值不仅应考虑该建筑物本身，还需将装修状况计入在内。此时，室内装潢不应再单独确认为财务报表上的一项资产。不重复计算资产是投资性房地产的会计处理与后续公允价值确定的一个重要考虑要素。

前面已经指出，在美国 GAAP 中不存在与 IAS 40 直接对应的文献资料，进而也就不存在专门讨论投资性房地产的特定文献。因此，根据美国 GAAP，绝大多数投资性房地产（包括大部分房地产公司持有的那部分）采用与其他房地产及设备一样的成本模式进行核算。然而，特定类型的专门主体——譬如，许多投资公司、投资于不动产的员工福利计划和银行赞助的不动产信托——采用公允价值核算这些投资项目。

10.5 减值损失

当房地产与设备的公允价值降低至账面价值（考虑累计折旧后的净额）以下的金额时，表明减值损失已经发生。IAS 16 指出，对于房地产与设备，在确定是否已发生损失时，应适用 IAS 36 关于减值损失的指南。第九章已对 IAS 36 进行了解释。

类似地，根据美国 GAAP，在确定是否应报告一项减值损失时，应遵循 SFAS 144 中的指南。

舞弊风险 No. 10.3

不确认房地产与设备项目上的减值损失。

根据 IFRS 与美国 GAAP,减值损失项目反映公允价值已经降低至初始确认的账面价值以下,应在当期损益中反映这项损失。然而根据 IAS 16,如果减值损失减少的仅仅是前面所解释的以前期间确认的重估模式下的利得,那么,该项损失中包含的以前期间确认的任何利得部分,应在全面收益中确认。此后,任何低于原始基础的更多损失则应在当期损益中报告。

最后,房地产与设备的价值减损情况可能非常严重,以致该资产不再具有任何未来的经济利益。如果该种情形出现,那么应完全注销这项资产。

第三部分

负债基础的诡计

负债基础的舞弊性财务报告诡计通常涉及下面一个或多个领域：

- 在财务报表上漏记负债项目；
- 采用不恰当的估值技术或收入确认实务，低估已确认负债的价值；
- 为改善主体的流动比率，将流动负债错误地划分为非流动负债；
- 将公允价值会计适用于那些符合条件的负债项目，对重要的负债项目作出虚假估值，有时甚至虚假地报告与负债价值降低相关的利得。

上述每一类负债基础的舞弊性财务报告诡计的动机与第二部分的解释是类似的——将主体的财务状况表述得比实际情形更具有吸引力。公允价值会计几乎不同程度地在上述每一类诡计中发挥作用。

在美国 GAAP 下，FASB 第六号概念公告（SFAC 6）《财务报表的要素》对负债作出了界定。SFAC 6 将负债定义为“由过去的交易或事项引起的、特定主体需要在未来向另一主体转移资产或提供服务的现时义务，该现时义务很可能导致未来经济利益的牺牲”。

根据 IFRS 下的定义，负债是指企业因过去的事项产生的现时义务，该义务的履行预期将导致蕴含未来利益的资源流出企业。

负债是公允价值会计遭遇最严厉批判的领域。与许多具有活跃市场、能可靠估计公允价值的资产不同，在计量负债的公允价值时，可利用的市场条件少得多。这通常促使管理层开发假设的模型，而这类模型在计量当前条件下结算负债所需成本的准确性方面并不确定。大部分计量负债公允价值的模型均将利率与负债条款作为确定公允价值的两个主要输入变量。

但是,信用风险——将不能偿还债务的风险——是影响公允价值的另一因素。并且,这是负债估值过程中可以主观操纵的最严重问题(由此产生舞弊的可能性)。

最强烈地反对负债采取公允价值核算的人士认为,负债(如债务)通常已经按照该项负债将予结算的金额进行表述。因此,如果当前的计划与预期是以债务条款中已作出解释的金额来结算该项义务,那么,为何还要经过一项精心构造的理论性的计算为负债进行估值呢?

事实上,公允价值会计的一个最有趣的问题是,随着公司尊重并偿还其负债机会的降低,负债的公允价值也在降低,因此所记录的负债金额也在降低。换而言之,公司自身的信用状况或信用风险影响负债公允价值的方式,将会极大地误导财务报表的读者。债务及其他负债账户余额的降低(进而所报告的流动比率以及其他一些财务业绩计量的改善)可以是公司经过稳健经营、实现财务上的成功并偿还上述义务的产物。或者,这也可能是公司已经注减其负债的信号。当偿还负债的可能性低于100%时,可以认为公司已经存在信用风险了。

11

债务性义务

债务性义务是与主体借入的货币资金相关的负债。债务性义务的例子包括：

- 来自金融机构的贷款（如抵押贷款、信用贷款最高限额以及来自银行与财务公司的商业性贷款等）；
- 未经担保的承诺票据；
- 债券；
- 抵押基础证券；
- 资产基础证券。

除了名义利率（对于大部分债券而言，指票面利率），债务性工具还存在其他三个对会计处理产生影响的重要因素。

1. 赎回条款。通常，这些条款允许债务的发行人以一定的溢价在规定到期日之前偿还债务（该溢价用于补偿债务性工具持有人可收取的利息收益的减少）。

2. 卖出条款。这些条款可使出借方（债务工具的持有人）要求借款人在预定的到期日之前偿还该债务性义务，通常是在特定日期以面值偿还（这样，可使出借方再投资于其他可取得的更有吸引力的投资项目)。

3. 转换选择权。这些条款使债券持有人具有将债券转换为发行公司的一定数量的普通股的能力。

11.1 美国 GAAP 与 IFRS 的资料来源

IFRS 规范债务核算的准则是 IAS 39《金融工具:确认与计量》。第二部分中已有几章论及该份准则。美国 GAAP 中不存在一份单独的涵盖负债所有方面的准则。然而如后面将要解释的,SFAS 159《金融资产与金融负债的公允价值选择权》可适用于债务。

11.2 计量

根据美国 GAAP 与 IFRS,债务的初始确认金额通常等于所收到的收入金额,或者如果收入并未表现为现金形式,那么以所收取对价的公允价值记录。提供非现金对价的例子包括金融机构向已提供资产给借款人的第三方进行直接支付的交易,如多种设备、汽车与不动产贷款。

债务在初始发行后,美国 GAAP 与 IFRS 均要求按照实际利率法以摊余成本进行后续计量(除非选用了公允价值选择权,这将在后面解释)。然而关于实际利率法的应用,美国 GAAP 与 IFRS 之间存在差异。两套准则下均存在公允价值选择权,这也将在后文介绍。

按照美国 GAAP,摊销应以该项工具在合同期间的合同现金流量为基础,可能的例外只发生于以下两种情形:

1. 可卖出债务(puttable debt)需在发行日至第一次卖出日之间的期间内进行摊销;

2. 可赎回债务(callable debt)可在合同期限或工具的估计寿命期内进行摊销(一旦选择了其中一个期间,那么,必须前后一贯地适用该期间）。

舞弊风险 No. 11.1

通过错误地表述合同条款，不恰当地摊销债务性义务。

相反，IFRS 将实际利率的计算建立在工具的预期寿命而非合同期限内的估计现金流量之上。根据 IAS 39 的规定，只有在不能按其他方式估计现金流量时，才可使用债务的合同条款。

当然，采用估计的而非合同的寿命这一差异会导致 IFRS 与美国 GAAP 之间的计算出现重大差异。

11.3 公允价值选择权

无论是根据美国 GAAP 还是 IFRS，债务均可适用公允价值选择权。根据 IAS 39《金融工具：确认与计量》，债务可以被指定为“以公允价值计量且其变动计入当期损益”的类型，这与第四章解释的投资的分类相似。

美国 GAAP 中关于债务适用公允价值选择权的情形可参照 SFAS 159《金融资产与金融负债的公允价值选择权》，这已在第二章进行了介绍。

舞弊风险 No. 11.2

对于选用公允价值选择权的债务性义务，不恰当地计算其公允价值。

公允价值选择权可以通过低报债务性义务的形式引发舞弊风险，这一风险类型将在下一节解释。

11.4 债务的估值

与许多人所持的观念不同,债务性义务的公允价值并不必然等于其面值。尽管采用一个不同于票面金额这一将用于偿付的数字报告债务性义务似乎与直觉相悖,但这恰恰是应用公允价值会计时可能并经常发生的情形。

决定债务公允价值的一个最重要因素是该债务是否存在担保。通常,非担保债务将比担保债务承受更大风险。担保债务的公允价值通常至少等于已充作抵押物的标的资产的清算价值。当然,确定基础资产的清算价值可能并非总是一件轻松的任务。

可能导致债务性义务的公允价值不同于其面值的一个主要因素是债务工具的到期收益率。如果计算得到的到期收益率不同于该债务工具的名义利率(如债券的票面利率),那么该项债务的公允价值将不会等于其面值。用公式表示如下:

如果票面利率 > 到期收益率,那么,公允价值 > 面值;

如果到期收益率 > 票面利率,那么,面值 > 公允价值。

那么,影响到期收益率的主要因素是什么?这便是问题的有趣之处。到期收益率的计算要求对多项风险因素做出判断,而当涉及判断的时候,舞弊的风险便加大了。

这里介绍确定到期收益率时应予考虑的三个主要风险因素:

1. 违约风险。这是发行人(借款人)将不能支付部分或全部债务性义务的风险。影响违约风险的主要因素是发行人(借款人)的财务状况。违约风险属于不履约风险的一种类型,后者是SFAS 157要求考虑的一个风险因素。如前面所解释的,违约风险可基于担保物的存在、性质及其清算价值而降低。

2. 利率风险。这是与一定期间内利率变动相关的风险。如果市场利率上升至超过债券(票面)利率的水平,那么债券的交易价格便降低,反之亦然。在确定市场利率时,除了考虑其他相关的因素，还应将该利率定位于与所评估债务的金额及到期日尽可能相似的债务工具上。

3. 赎回风险。如前面所解释的，赎回特征使发行人能够在到期日之前偿还义务。赎回风险代表了此类赎回特征被执行的可能性，这将影响该项债务对市场中其他参与者的价值。

在评估了上述及其他相关风险之后，债务性义务的公允价值将等于未来现金流量的现值，但需采用该债务工具的到期收益率而非名义利率作为折现率。因此，公允价值经常不同于票面价值。

与其他公允估值的情形类似，用以确定债务性义务公允价值的信息可以由内部产生，也可以从外部得到（用 SFAS 157 的术语表示，便是可观察与不可观察的输入变量）。在有些场合，公开交易的相似债务可以作为可靠估计公允价值的基础。而在另一些场合，前面章节归纳的折现现金流量法则是对公允价值的更合适且更可靠的估计。

但是，即便在折现现金流量法下，采用的输入变量也可以是内部与外部市场数据的结合。譬如，确定到期收益率的最佳方式是找到一家类似的公司，并利用从该公司中收集的信息。这在评估非公开交易公司的债务性义务的公允价值时特别有用。在确定这类特殊债务工具的公允价值时，将私人持股公司与相似的公开交易公司进行比较经常是一项有用的技术。

在任何债务或其他金融负债方面，主要的公允价值会计舞弊风险存在于当此类负债被指定为可反复以公允价值计量的类型时。通过操纵公允价值估值技术，可以实现以低于其应有金额报告某项负债的效果，并导致负债的总体性低估。

事实上，主体对自身违约风险的估计将对其债务公允价值的降低产生影响，这是在 2008 年全球经济危机的早期阶段被许多观察人士仔细研究并批判的一个现象。美国与英国的一些金融机构将记录债务性义务降低产生的利得作为利润（或损失程度降低）报告，由此显示稳健的财务状况。但是，此类债务性义务的降低并非来自于机构已经做出的本金偿付，而是基于对违约风险评估所降低的负债公允价值。对于一些观察家而言，这似乎是一种难以让人接受的财务报告方法。然而，这与当前准则中阐述的公允价值会计概念却是完全一致的。

12

递延收入

递延收入代表主体已经收取资金、但承担在未来提供商品或服务之义务的一类负债。绝大部分与递延收入相关的会计问题都相当简单——客户已经对其尚未被提供的商品或服务作出支付,因此主体所收取的资金应报告为一项负债。当主体发送商品或提供服务的时候,再将该项金额报告为收入。

然而,递延收入的会计处理并非总是如此简单。本章主要讨论两个较为复杂且涉及公允价值会计的递延收入问题:

1. 基于客户忠诚项目的负债;

2. 来自多类产品发送(multiple deliverables)的递延收入。

客户忠诚项目在零售商中已非常流行,对客户具有很大的吸引力。根据客户忠诚项目,当客户向企业购买商品或服务时,可以累积信用点数或其他形式的积分。企业以这种方式激励客户再次购买。在赢取一定数量的点数后,客户便可以该点数按折扣价格兑换额外的商品或服务,有时甚至可以据此免费获取商品或服务。

与客户忠诚项目相关的主要舞弊风险是:遗漏或低报企业根据该项目将不得不在未来向客户提供商品或服务的负债。通常应采用公允价值记录这类负债。

客户忠诚项目可以视为多类产品发送这一更宽泛主题中的一个小类,后者指客户以一个综合性的价格取得本应单独购置的多种商品或服务。该综合性价格则低于单独购置每一项商品或服务所需的成本总和。

12.1 美国 GAAP 与 IFRS 的资料来源

IFRS 规范客户忠诚项目的资料是 IFRIC 13《客户忠诚项目》。美国 GAAP 曾经尝试在 EITF 00-22《“点数”与其他某些以时间或数量为基础的销售激励措施的会计处理》中讨论该问题,但未能就 EITF 00-22中的所有内容达成共识。但是,从一开始便涵盖在 EITF 00-22 中进行讨论的一个关键要素得到了解决,并形成了 EITF 01-9《供应商给予客户对价的会计处理(包括供应商产品的转售)》这项共识。

因此,美国 GAAP 中不存在一份真正可以与专门讨论客户忠诚项目的 IFRIC 13 相对应的文献。然而通过类推,也能发现一些可以适用的 GAAP。最明显的是 EITF 00-21《多类产品发送的收入安排》可以适用于许多类型的客户忠诚项目,这份文件也适用于客户忠诚项目以外的许多收入确认问题。因此,本章的第二部分将解释与多类产品发送安排相关的其他一些问题。

IFRS 下关于递延收入的更多指南可以在 IAS 18《收入》中找到,该准则讨论的一些情形与 EITF 00-21 是一致的。

12.2 确认——客户忠诚项目

IFRIC 13 对 2008 年 7 月 1 日开始或之后开始的期间生效,适用于在销售过程中赚取的某些激励,但最初为形成一项销售所提供的激励排除在外(譬如,向进入商店的客户派发优惠券,作为当日购

买产品的折扣,那么这些优惠券将作为使用当时的收入抵减来核算)。以下三类客户忠诚项目将会要求记录一项负债:

1. 向持有人授予折扣商品与服务的奖券。此类折扣可以在同一家商店或该连锁店的其他商铺使用。

2. 向持有人授予由另一主体提供的折扣商品与服务的奖券。譬如,租用汽车可能授予该持有人可赚取免费的航空里程数。

3. 由第三方机构提供赎回前述所授予的系列商品或服务奖券的服务安排。这类例子包括在信用卡项目中授权信用卡持有人可以其点数换取特定第三方零售商产品的情形。

IFRIC 13 要求,在向客户提供与忠诚项目相关的对价、授权其在未来购买时享受一定折扣时,该项收入应予以递延。其中,对价需以公允价值为基础在该项安排的不同要素之间进行分配。递延收入这项负债应按照奖励信用(award credits)的公允价值记录。譬如,当客户以现金交换商品或服务以及可在以后的购买中使用的奖励信用时,主体应作以下会计分录:

借:现金	1 000	
贷:递延收入		50
收入		950

舞弊风险 No. 12.1

对于与客户忠诚项目相关的未来奖励信用的赎回,不确认为一项负债。

IFRIC 13 并未就确定上述激励公允价值的具体方法作出指定,但明确指出,此类激励的金额应根据对持有人而言的公允价值而非发行人的赎回成本进行确定。

公允价值的合理估计经常以执行奖励信用时客户将获得的折扣为基础。然而 IFRIC 13 也承认,在许多场合,并非所有可取得的奖励信用均会被客户执行。因此,递延收入应以预期将被执行的那部分激励为基础。根据提供此类激励项目的发行人过去的经验，做出这类估计可能非常困难，也可能非常容易。这类估计也可能成为舞弊性财务报告的对象，采取的形式是有意低估奖励信用的估计执行率。

舞弊风险 No. 12.2

低估与客户忠诚项目下奖励信用相关的执行率，由此低估负债。

在大多数场合，公允价值估计将以优惠券的现金价值或可用以赎回优惠券的商品或服务的价值为基础。以下四个因素可能对客户忠诚项目下可赎回信用的公允价值确定产生影响：

1. 该项激励是否仅限于兑换特定产品，或者，该项激励是否可适用于任何未来的购买；

2. 如果激励仅限于特定产品，那么：

a. 该产品的相对流行程度；

b. 该产品的"销售期间"（如有限上架期的产品）；

c. 在产品生命周期中，这一阶段的技术性折耗或类似的迹象；

d. 可用于兑换优惠券的产品后续价格变动。

3. 发行人是否同时向客户发放免费优惠券，授予其与在销售中赚取的折扣相类似的优惠（即这会降低销售中所赚取信用的公允价值）；

4. 此类激励的终止日（即在不确定使用寿命期内可赎回的奖励信用可能更加难以评估，但是对客户的价值通常更大）。

至于第四个因素，随着包含"销售期间"的奖励信用的有效期届满，递延收入将会降低。

舞弊风险 No. 12.3

低估与客户忠诚项目相关的奖励信用的公允价值(IFRS 下),或者低估所赚取的荣誉性回扣(退款)的成本(美国 GAAP 下),由此低估负债的金额。

如前面所指出的,与 IFRS 相比,美国 GAAP 中对客户忠诚项目的文献资料更加有限。EITF 01-9 指出,供应商(激励的发放者或该项目下负有责任的第三方)应将所赚取和所授予的荣誉性回扣或退款成本系统、合理地分配至每一项使客户赚取此类回扣或退款的基础收入交易中,并以所分配的金额为基础,将回扣或退款义务确认为收入的抵减。回想一下,IFRIC 13 要求以公允价值记录递延收入。按成本确认负债而非以公允价值记录递延收入,则是美国 GAAP 与 IFRS 在这一问题上的主要差异。

回扣或退款义务总额的计量应以将最终赚得并索取回扣或退款的预计客户人数为基础,这与 IFRIC 13 十分相似。但是,EITF 01-9 指出,如果未来回扣或退款的金额难以合理估计,那么应按照该回扣或退款的最大可能金额确认负债。

舞弊风险 No. 12.4

低估与回扣(退款)项目相关的客户未来购买数量,此类项目授予客户在购买数量增加时享受更高的回扣(退款)率,由此低估负债(美国 GAAP)。

此外,EITF 01-9 讨论了另外一个在某些客户忠诚项目中必须考虑的因素。在有些场合,回扣或退款的相对大小会随着购买数量而变化。譬如,购买量超过 500 单位的回扣可能是总对价的 5%,但是当购买的数量超过 1 000 单位时,回扣率可能增至 10%。如果客户未来购买的数量能够合理估计,那么在计算该项义务时应使用这项估计。但是,如果客户未来购买的数量不能合理估计,那么在记录负债时应采用最大的可能回扣或退款因素(本例中的10%)。

12.3 多类产品发送的安排

EITF 00-21《多类产品发送的收入安排》指出,当以下三个条件均得到满足时,包含多类产品发送的收入安排应划分为各自单独的会计处理单元。

1. 发送的项目对客户的价值以彼此独立的形式体现。可证明这一点的事实是,该项目由任何一个供应商单独出售,或者客户可在彼此独立的基础上转售所发送的项目(EITF 指出,有关该项目的可观察市场证据并不构成满足这一条件的必要因素)。
2. 对于未发送项目的公允价值,存在客观、可靠的证据。
3. 如果该项安排包含与已发送项目相关的一般性退回权利,那么发送或执行未发送项目被认为是很可能的,并且这实质上处于供应商的控制之中。

如果上述三项标准均得到满足,那么收入应根据每一个项目的相对公允价值进行分配。于是,此类安排中的每一个项目均应采用相应的收入确认政策。

舞弊风险 No. 12.5

收入在多类产品发送安排中出售的多项商品或服务之间进行不恰当的分配。

在撰写本书的过程中,EITF 08-1《多类产品发送的收入安排》处于最终的定稿阶段。一旦达成共识,这份资料便将取代 EITF 00-21。虽然 EITF 08-1 将收入需在每一个发送项目之间进行分配的核心概念保持不变,但仍对多处作了修订,其中一项变动是取消前述列表中的第二个必要条件。基于 SFAS 157 的发布及其对公允价值定义的修改，EITF 08-1 将采用术语“销售价格”取代原文中的公允价值。

IFRS 对多类产品发送的讨论包含在 IAS 18 这份范围更广的准则中，该准则对 IFRS 下大部分收入确认问题作出规范。IAS 18 包含一项与美国 GAAP 相类似的要求，尽管不如后者详细，即收入应在单笔交易的各项可分别辨认的要素之间以相对公允价值为基础进行分配。

与多类产品发送安排相关的舞弊风险是操纵收入确认的时间安排——要么过早地确认收入（进而低估递延收入这项负债），要么将收入递延至以后期间确认。

考虑下面这个例题。如果一家公司在正常情况下以 \$30 000 的价格出售一件特定的大型设备，同时也以 \$5 000 的价格出售该设备为期三年的服务合同。但是，设备与服务同时出售的价格则为 \$33 000。此时，在分配收入的过程中便存在公允价值会计舞弊的可能性。根据 EITF 00-21 的规定，通常情况下，总价款 \$33 000 将按以下方式进行分配：

设备销售额：\$33 000 × (30 000/35 000) = \$28 285.71

服务协议：\$33 000 × (5 000/35 000) = \$4 714.29

分配给设备销售的收入 \$28 285.71，应在销售交易完成时确认为收益。然而，分配给服务协议的收入 \$4 714.29 应在开始时予以递延，并很可能在向客户提供服务的三年期间内确认为收入。

在销售交易完成时确认 \$30 000（基于这是设备的正常销售价格这一事实），而仅将 \$3 000 作为服务协议的收入递延，将使第一年的收入虚增 \$1 714.29。

尽管在这项诡计中，长期内确认的收入总额并未被高估，却舞弊性地表述了收入确认的时间安排，由此导致某些年份的收入被高估、其他年份的收入被低估。事实上，过早地确认收入是侵占未来期间的收入，目的在于使当期业绩看上去更好。

13

资产退回义务

资产退回义务代表当前应予记录的、涉及现有的诸如土地、建筑物及设备等长期资产且与未来义务相关的成本这一负债类型。资产退回义务的例子包括消除与建筑物相关的石棉和将土地还原为主体使用前初始状态的要求，譬如采掘及其他经营活动的情形。这些义务可能产生于合同条款、法律规定或规章制度。在有些场合，当资产首次购入或建成时义务便存在了。在另一些场合，义务则可能在初始取得之后形成，譬如由于新法律或规章制度的通过。

在记录资产退回义务时需大量使用判断与估计，这使该负债类型成为公允价值会计舞弊的主要对象。

与资产退回义务相关的财务报告舞弊风险可以直接或间接地与公允价值会计相关联。两类主要的财务报告舞弊风险是：

1. 未能将附条件的资产退回义务确认为一项负债；
2. 低估已确认的与附条件资产退回义务相关的负债价值。

上述舞弊的实施存在多种可利用的技术。本章将对每一类风险进行解释。

13.1 美国 GAAP 与 IFRS 的资料来源

美国 GAAP 关于资产退回义务的规定,可在 SFAS 143《资产退回义务的会计处理》与 FIN 47《附条件资产退回义务的会计处理》中找到。

IFRS 下则不存在纯粹致力于资产退回义务的单独准则。但是 IAS 16《不动产、厂房与设备》涉及一个条款,要求将某些资产退回成本加计至该资产的账面价值中,由此产生一项抵销性负债。此外,IAS 37《准备、或有负债与或有资产》也为记录具有上述性质的负债提供了指南。

13.2 确认——美国 GAAP

根据 SFAS 143 的要求,公司必须将有形长期资产的可能最终退回所产生的任何法定义务记录为一项负债。当义务结算的时间安排与(或)方法取决于特定未来事件时,该资产退回义务便是附条件的。其中,未来事件是否必须处于公司的控制范围之内则未作限定。

许多公司并未按照 SFAS 143 的要求记录负债,理由是资产退回的时间安排或方法不能确定,或者认为负债应在资产退回实际发生时记录。FIN 47 的发布旨在澄清以下一点,即上述两个理由均不能成为不记录负债的合理基础。换而言之,如果存在法定义务,与此类义务相关的负债是不可避免的,尽管满足该义务的时间安排或方法存在不确定性。因此,应该记录一项负债,并且,该负债应以公允价值进行记录。

舞弊风险 No. 13.1

为了从财务报表上漏记一项负债，错误地声称不存在资产退回义务。

资产退回义务可能产生于法律、法规或者合同条款。源自法律或法规的附条件资产退回义务的一个示例是，在建筑物出售、拆毁或进行大规模改善之前必须除去石棉。可能产生于合同或法律的一个示例是，在企业基于特殊目的使用土地之后（譬如采掘等），必须将土地还原为初始的自然状态。

确定法定义务是否存在是一个复杂的问题，要求大量使用专业判断。显然，这可能引发对法律、规章制度或合同条款故意作出错误表述。以下是舞弊性地宣称不存在法定义务的两种可能方式。

1. 隐藏信息——不向审计师及其他人士透露合同或关键的合同条款。

2. 依赖不处于独立地位的法律顾问或其他专家的意见。主体内部的法律顾问或聘请的其他专家可能试图以主体想要的方式看待问题，这可能得到有关法定义务是否存在的存有偏见的观点。

如果在同一地区经营的相似主体或具有相似资产的主体已经确认一项资产退回义务，那么这可以作为主体未确认资产退回义务的额外信号。

当附条件资产退回义务发生并能合理确定公允价值的估计值时，应确认这项负债。对于存在资产退回义务之前便已购入的资产，负债的确认应联系该项资产的购置活动。

当确认资产退回义务这项负债时，会计分录的借方构成这项资产的基础。其后，资本化金额应分配至费用。对于建筑物等应折旧资产，则在资产的估计使用寿命期内费用化为折旧（即与资产的原始成本在使用寿命期内计提折旧相一致）。

因此，不记录资产退回义务可能不会对任何特定年份的期间损益产生重大影响。使用寿命或预计的负债结算期间越短,可确认折旧的时间期间就越短,这会加大每年对盈利的影响。然而,即便对盈利的影响非常小,记录此类负债的资产负债表仍会潜在地负面影响某些财务比率。因此,应将不记录资产退回义务作为一项可能的重要舞弊风险进行审阅。

13.3 确认——IFRS

根据 IAS 16,不动产、厂房与设备的账面金额应包括初始估计的拆除与迁移项目、修复所处场地的成本。这些成本的义务发生于该项目最初购入时或者作为特定期间内使用该项目的后果(并非为了生产存货的目的)。其后,如果这一额外估计的金额与应折旧资产相关,那么必须计提折旧。这与美国 GAAP 的规定相同。

虽然与美国的相应规范在措辞上明显不同(并且,远不及前者范围广泛),IAS 16 仍作出一项与美国 GAAP 相类似的要求——对于资产退回义务,应增记资产的基础,并记录一项抵消性负债。然而在 IFRS 下,为了记录这项负债,必须满足 IAS 37 的特定要求。根据 IAS 37,只有当以下三项特征均得到满足时,才应确认一项负债:

1. 存在由过去事项产生的现时义务,该义务可以是法定的,也可以是推断性的;
2. 在结算该义务时,蕴含经济利益的资源将很可能流出企业;
3. 能可靠估计该义务的金额。

第十七章将对 IAS 37 作更详细的解释。但是,此处 IFRS 下的舞弊风险与美国 GAAP 的情形相似——主体可以错误地声称现时义务并不存在。

13.4 能否可靠确定估计

前面 SFAS 143、FIN 47 以及 IFRS 相关规则的关键内容是,是否可以合理地估计此类义务的公允价值。只有在可以获取计算此类估计的充分信息时,才可以得到一项估计。当以下三个条件之一得到满足时,公司可以合理地估计义务的公允价值:

1. 资产的购入价格显然已经包含该义务的公允价值;
2. 存在转让该义务的活跃市场;
3. 公司掌握应用现值技术的充分信息。

> **舞弊风险 No. 13.2**
>
> 为了避免确认一项负债,错误地声称作出资产退回义务的合理估计是不可能的。

按照美国GAAP,如果公司认为不能合理估计资产退回义务的公允价值,并由此不记录一项负债,那么该公司必须在财务报表附注中作出披露。这项披露必须包含以下内容:

1. 对该项义务的描述;
2. 不能作出合理估计的事实;
3. 不能估计并记录该项负债的理由。

然而,这项披露要求引发了另外一种与可能确实不能估计的资产退回义务相关的舞弊风险。

> **舞弊风险 No. 13.3**
>
> 未能披露确实存在但不能可靠估计的资产退回义务。

13.5 资产退回义务的计量与记录

一旦确认标准得到满足,便须致力于该项义务的公允价值估计。以下步骤解释了计量并记录有条件资产退回义务的典型方法:

1. 清晰辨认并充分理解该项义务的范围(如去除石棉等);

2. 确定结算日(或许,确定一系列可能日期的加权平均数是必要的);

3. 获得成本的估计值(以当前价格计量);

4. 如果从上一个步骤得到多个估计值,那么,为每一个估计值分配相应概率并计算一个结算该义务的加权平均估计成本;

5. 估计通胀率并设计在预计结算日的成本估计值,得到一个以预计在将来日期所需支付金额表示的成本估计值;

6. 利用与到期日相关、与预期结算该义务时现金流出日期相一致的无风险利率,确定主体经信用调整的无风险利率(通常得到一个不同于通胀率的利率,SFAS 143 要求利用主体的经信用调整的无风险利率);

7. 根据预期的未来成本与经信用调整的无风险利率,计算该负债的现值;

8. 根据上一个步骤确定的金额,通过以相同金额借记资产、贷记负债的方式初始记录该义务;

9. 根据资产的预计使用寿命而非该义务的预计结算日,记录资产的折旧费用与累计折旧;

10. 记录每年的溢价费用,会计分录的贷方增记抵消性负债,由此在预计结算日,负债的账户余额将等于上述第 5 步计算得到的金额;

11. 每年对计算过程中使用的估计金额或未来现金流量的时间安排是否需要更新进行考虑,并对计算过程和会计分录作出任何可能的调整(根据 SFAS 143,折现率不需要调整,应保持上述第 6 步所确定的利率)。

如果主体当前正在记录一项与以前年度便已存在的义务相关的附条件资产退回义务,那么应计算该项义务对留存收益余额的累计影响。换而言之,该义务的现值应表述为负债形成当时(若干年以前)的金额,在该现值的计算过程中所利用的成本估计是今天的数据(对当前至预计结算日之间的通货膨胀进行调整),但折现率是以前期间经信用调整的无风险利率，即当时估计义务到期日时所适用的利率。

在后续期间，估计未经折现的资产退回义务的成本时，应对情况的变化作出修正。当成本估计值发生变化时，应采用与这些成本现值计算相同的程序，并且，应同时增记或减记资产与负债项目，以反映上述变化。

上述过程中的许多步骤均要求作出大量判断。因此，每一个步骤均隐藏着潜在的舞弊机会。

舞弊风险 No. 13.4

通过不正确的内部估计，或者采用不恰当的外部估计，低估将被要求用于结算资产退回义务的成本。

此外，在估计成本的过程中依赖所谓的来自于独立外部供应商的信息，也容易引发舞弊和歪曲真相。例如：

- 当事实上所有证明性文件均由内部虚假提供且制作成看似由外部供应商提供时，成本估计数可能“来自于”虚构的供应商；
- 提供成本估计数字的供应商确实存在（即并非虚构的供应商），但他们并不独立于主体（他们是未披露的关联方）。

根据 IFRS，计算过程也涉及成本估计与现值计算。IAS 37 要求，当前面描述的三个因素均得到满足时，与该义务相关的未来成本估计数应折现为现值。其中，采用的折现率应反映当前市场对该项负债所特有的货币时间价值与任何风险的评估情况。

13.6 小结——美国 GAAP 与 IFRS 的比较

在记录与资产退回义务相关的负债方面，美国 GAAP 与 IFRS 的差异主要存在于以下两个领域。

1. 初始记录负债时使用的利率。美国 GAAP 要求采用主体经信用调整的无风险利率，而 IFRS 使用反映当前市场对该项负债所特有的货币时间价值与风险评估情况的税前折现率；

2. 由时间推移引起的负债变化（现值计算过程的展开）。美国 GAAP 要求采用与负债初始计量时相同的经信用调整的无风险利率，而 IFRS 为了反映每一期间的现行状况允许对折现率作出调整。

上述差异促使 IFRS 承受一项额外的舞弊风险，该风险在美国 GAAP 下并不存在——在后续期间重新计算负债时，故意不恰当地使用折现率。

舞弊风险 No. 13.5

通过操纵计算过程中所使用的一个或多个因素，如折现率、预计结算日或通货膨胀率，错误地计算资产退回义务的现值。

根据美国 GAAP 与 IFRS，在确定应予记录的负债金额时需作出判断。这容易受到操纵并引发舞弊。以下是要求主体作出判断的七个关键因素：

1. 评估资产退回义务的记录标准是否已经满足，这可能涉及对法律、规章制度与合同作出合法性解释；
2. 确定是否存在可靠估计该项义务的充分证据；
3. 估计在未来结算该资产退回义务的日期；
4. 估计与该义务相关的成本；
5. 确定在计算该义务的现值时所采用的恰当折现率；
6. 如果根据不同的条件计算得到多个现值，或者对多个结算日或多种结算方法作出考虑，那么应分配相应概率以得到加权平均的成本估计金额；
7. 识别并调整初始估计后义务或成本发生的后续变动。

为了有意遗漏或低估资产退回义务，上述每一个因素均可能被操纵。

14

担　保

在担保事项中，一方保证另一方的业绩要求会得到满足。以下是有关担保的三个例子：

1. 一家公司持有一张对金融机构的应付票据，而该票据的支付由另一家公司进行担保；

2. 一家制造商与客户订立了提供一定数量产品的合同，该合同由另一家制造商进行担保；

3. 一个主体向某房东租用了办公场地，后者要求必须由另一主体就该租赁事项作出担保。

担保会产生两类负债：

1. 非或有性质的负债；

2. 或有性质的负债。

非或有性质的负债代表担保人需在担保事项存续期间内按照条款实施的持续性义务——一类在担保期间内处于随时承付状态(being on standby)的负债。或有性质的负债代表担保人的潜在义务，需在未来期间内特定事件触发此类义务时进行支付。

担保产生了与担保人财务报表相关的特殊报告与披露问题。

14.1 美国 GAAP 与 IFRS 的资料来源

在美国 GAAP 中,SFAS 5《或有事项的会计处理》对担保所固有的或有负债问题作出了规范。或有事项这一主题涉及潜在的利得与损失,而不仅仅包含上述担保事项。因此,与或有事项相关的公允价值会计问题将在第十七章单独讨论。本章的重点在于担保中的非或有性质部分。

美国 GAAP 中对担保的会计处理作出讨论的,主要是 FASB 第 45 号解释(FIN 45)《担保人对担保的会计处理与披露要求(包括对他人债务的间接担保)》。FIN 45 明确提出了与担保相关的附注披露要求。然而出于本书关注的领域,更为重要的内容是担保人必须将某些类型的担保记录为负债的要求。

IFRS 对担保的规定涵盖在 IAS 39《金融工具:确认与计量》中。这是一份前面几章中已经多次论及的涉及金融资产与负债的准则。

14.2 确认——美国 GAAP

FIN 45 规定了许多担保类型的披露内容,并要求将上述某些但非全部担保事项记录为负债。FIN 45 适用于绝大部分但不是全部的担保类型。在这份资料中,具有重大公允价值因素的最常见担保类型包括以下两项。

1. 要求在另一方未能根据协议履约时担保人必须作出支付的合同。担保的执行可以采取向被担保方进行支付(如向银行偿付贷款)、为客户制造或发送商品、向客户提供服务的形式或其他类型的执行方式。担保人可以采取现金、转让其他资产或者提供服务等形式进行支付。

2. 要求担保人根据与资产、负债或权益性证券相关的标的变化情况进行支付的合同。其中,标的可以是利率、汇率、指数、信用评级、金融工具的价格或其他一些变量。

商业信用证与其他承诺事项(经常作为资金的担保)不属于FIN 45的规范范畴。此外,FIN 45还提供了一份包含七项范围例外的列表,如SFAS 13中的或有租金条款及其他项目。

舞弊风险 No. 14.1

担保人未能以担保合同为基础,确认一项负债。

FIN 45要求,在确立担保事项时,必须在担保人的财务报表中确认一项负债。一般情况下,该项负债应采用公允价值计量。然而,如果根据SFAS 5计算的或有负债报告金额更大,那么应以该较大的金额确认这项负债。

但是也存在一些担保人可免于适用记录负债这一要求的例外情形。其中,最重要的例外涉及关联主体(母子公司与兄妹公司关系)和必须按照SFAS 133作为衍生品核算的项目(参见第十五章)。

14.3 计量

公允价值不等同于担保人可能最终不得不支付的最大金额。相反,公允价值是在考虑所有市场与特定主体风险后,对特定时间期间内承受财务或非财务业绩风险的价值所作的评估。

在许多场合,担保的初始公允价值较容易确定,因为在担保事项中一方向另一方(即担保人)支付或承诺支付特定金额以换取其担保。该金额通常代表了担保的初始公允价值。如果该项担保是一笔涉及多重内容的大型交易的组成部分,那么公允价值的评估将变得十分困难。

舞弊风险 No. 14.2

当担保人在财务报表中初始确认某项担保时，低估该项担保负债的金额。

此外在有些场合，形成担保合同的对价并未采取现金形式，所提供的是非货币性对价。此时，必须确定所收到的或可收取的非货币性对价的公允价值。对此，请参见第十九章关于非货币性交易的更多讨论。

FIN 45 并未描述在初始计量之后这类负债的计量应采取何种具体方法。通常，负债应持续地在可能长达若干年的担保存续期间内进行确认。FIN 45 并未就如何逐年计量这项负债展开讨论。当前，这类负债最常见的后续计量方法有三种，FIN 45 以示例形式引介了这三种方法：

1. 以初始计量金额持续记录这项负债，直至担保届满或担保得到结清；
2. 采用摊销方式在担保期间内系统地注减负债；
3. 在每一财政年度末评估担保的公允价值，由此每年对负债进行恰当调整。

当负债被逐渐注减时，减记的金额通过相应贷记担保人的收入而抵消。这与确认递延收入的情形十分相似。

舞弊风险 No. 14.3

在担保期间内，不恰当地摊销与担保人相关的负债，导致该负债以加速的方式减少并高估收入。

如果情况表明，担保人将不得不按照担保安排履行担保约定，那么担保人可能需要将与履约相关的或有负债记录为一项负债。关于将这类或有事项记录为负债的标准，参见第十七章。

14.4 确认——IFRS

IAS 39 将金融担保合同定义为“因特定债务人不能根据原始的或经修订的债务工具条款支付到期债务，而要求发行人向持有人作出特定支付以补偿其所发生损失的合同”。金融担保合同在初始确认时需采用公允价值，该金额通常等于在签订合同的过程中所收取的对价。

在初始确认之后，与金融担保合同相关的负债应采用以下两项金额中的较大者计量：

1. 初始确认的金额减去截至当前已经确认的任何累计摊销；
2. 根据 IAS 37 确认得到的金额。

与金融担保合同相关的负债摊销会导致确认一项收入。因此，为了确定恰当的收入确认（摊销）方法，需参照 IAS 18《收入》。根据 IAS 18 的要求，收入应以公允价值为基础进行计量，因此，摊销——和由此得到的负债余额——也应按照这一方式以公允价值计量。

计量负债的第二种方式则采用类似于 IAS 37《准备、或有负债与或有资产》中的原则。IAS 37 在计量与准备相关的负债时，以结算此类准备所必要的支出为基础。有关 IAS 37 的更多细节，可以参见第十七章。

根据前面讨论的内容，一般情况下负债的初始计量以所收取的对价为基础，其后，采用恰当的摊销方法减记该项负债。然而，IAS 37 的负债计量原则很可能仅适用于这样的情形，即担保人将很可能不得不履约并能够对结算该项义务的预期成本作出估计。

以标的物价格或指数为基础的担保被称为衍生品，这属于 IAS 39 规范的范畴。衍生品将在第十五章中单独讨论。

第四部分

其他公允价值会计舞弊问题

在这一部分,我们将探讨不能单纯归入第二与第三部分有关资产或负债类型的一些公允价值会计问题。然而,在这部分讨论的有些问题将对资产或负债产生影响,譬如:

- 衍生品,包括套期工具;
- 资金过量或资金不足的员工福利计划;
- 或有事项(美国GAAP)与准备项目(IFRS);
- 非货币性交易。

其他诸如股份基础支付的事项会对资产负债表的负债或股东权益产生影响。但是,上述所有问题均涉及公允价值会计,并且当发生舞弊时,均会对一个组织的当期报告损益产生重大影响。

此外,第四部分还将对与公允价值会计相关的一些最重要的财务报表披露问题进行解释。财务报表附注披露与财务报表本身同样重要。附注对财务报表项目的某些最重要方面作出解释,并且有时一些重要的项目内容并未在财务报表上进行报告。财务报表披露可以为财务报表中的公允价值舞弊风险提供重要线索,但有时这些披露本身也可能通过遗漏或错误陈述信息而被用于舞弊的实施。

最后,第四部分也将讨论某些特殊的公允价值会计问题对非营利组织等非企业性质机构的影响。这些机构的财务报告目标与营利性商业企业不同。但是,不应就此认为这些非营利组织便不容易发生涉及公允价值会计的舞弊性财务报告风险!

15

衍生品与套期

衍生品是一个复杂的领域，并且，可能是一个难以理解的领域。对于不熟悉衍生品的读者，我们先举一个保险政策的例子。当你通过支付一笔保险费换取针对某些特定事件（如火灾、水害、偷窃等）的保护时，存在大量可以利用的衍生工具。为了换取保护，作出支付是必需的。

尽管这是对高度复杂的衍生品世界所作的一个超级简化的介绍，我们却已经开始进入这一主题。确实，有些衍生品在本质上与上述保险政策并无共同之处。那么，再举一个例子以帮助我们加深对衍生品的理解：假设某只特定股票的交易价格为每股 $100。如果我们以这一价格购入该只股票且价格上升至 $125，我们将每股赚取 $25。但是，如果价格下跌至 $80，我们将每股损失 $20。倘若不购买该股票并承受其风险，我们可以每股 $100 购买股票的期权。这时，期权将存在一个购买价格，并且，该期权将在一个特定的时间期间后到期。但是，即便股票市价在该期权期间内的任何一个时间上升至 $100 以上，期权可使我们以 $100 的价格购买股票。当市价下跌至该水平以下时，我们则没有义务以每股 $100 的价格购买股票。

存在许多种不同类型的衍生品。此外，衍生品可以是资产，也可以是负债。审阅几家大型公司披露的财务报表与附注便可发现，资产负债表上许多不同的报表项目中均包含了衍生品，主要涉及以下四类：

1. 流动性的应收账款与应收票据；
2. 长期应收款项；
3. 应付账款；
4. 递延贷项。

衍生品的定义稍后介绍。但是，首先我们给出经常满足衍生工具特征的几类合同：

- 利率互换；
- 货币远期（互换）；
- 买入（看跌）期权；
- 商品合约；
- 双限期权（上限期权）（Collars/caps）；
- 信用衍生品。

有些（但不是全部）衍生品被用于套期活动中。如这一名字所表明的，套期是指定一项衍生品以抵消可能的未来波动——经常是利率、市场价格或汇率的未来变动。

无论是美国 GAAP 还是 IFRS，公允价值会计均在衍生品的会计处理中发挥重要作用。在本章，我们将解释与衍生品及套期相关的主要舞弊风险。为此，我们将同时解释一些与衍生品及套期相关的最重要会计原则。但是，本章的解释并非旨在给出衍生品会计处理的完整指南。我们的目的是使读者对确认与调查衍生品及套期领域中公允价值会计舞弊所必要的会计概念有基本了解，而不是掌握与衍生品会计相关的所有规则。

15.1 美国 GAAP 与 IFRS 的资料来源

美国 GAAP 中对衍生品作出规范的主要是 SFAS 133《衍生工具与套期活动的会计处理》。SFAS 133 已经过多次修订。这再次表明衍生品是一个非常复杂的领域。

IFRS 下关于衍生品的会计准则是 IAS 39《金融工具:确认与计量》。该准则也已经进行多次修订。

15.2 定义与会计处理——美国 GAAP

与衍生品的会计处理相关的定义与规则有许多。其中,以下这些术语是必须掌握的:衍生品、标的、名义金额、嵌入衍生品、套期、公允价值套期、现金流量套期、外汇套期以及套期的有效部分。本章将对上述每一个术语进行解释。首先,从最重要的概念"衍生品"开始。

衍生品的定义——美国 GAAP

SFAS 133 第 6 段,将衍生品定义为具备以下三个特征的金融工具或其他合同:

a. 具有:(1)一个或多个标的物;(2)一个或多个名义金额或支付条款或者二者同时具备。这些条款决定了结算的金额,并且在有些场合决定是否必须进行结算。

b. 不要求初始净投资,或者所要求的初始净投资小于预期对市场因素变动具有类似反应的其他类型合同将会要求的金额。

c. 条款要求或允许净额结算:可以容易地采取合同外的方式以净额结算,或者通过发送资产的方式不会使接收方处于实质上不同于净额结算的状况。

标的物是指特定利率、证券价格、商品价格、汇率、价格或利率指数或者其他变量,可以是资产或负债的价格或利率,而非资产或负债本身。名义金额可以是一定数量的货币单位、股份或衍生工具所特有的其他单位。具有名义金额的衍生工具的结算由名义金额与标的物之间的相互关系决定。这类相互之间的关系可以表现为简单的相乘,也可以涉及带有杠杆因素或其他常数的公式。

有些合同可能在整体上不能满足衍生工具的定义。这样的例子包括债券、保险政策与租赁。然而,上述合同可能包含"嵌入"衍生工具,即那些以类似于衍生工具的方式影响该合同所要求的其他交易中部分或全部现金流量或价值的隐含或明确条款。在另一类合同(称为"主合同")中嵌入一项衍生工具的影响是:本应由主合同作出要求的其他交易中的部分或全部现金流量,无论是无条件的还是取决于特定事项的发生与否,将根据一个或多个标的物进行修正。

当满足一定条件时,嵌入衍生工具必须与主合同相分离,并作为一项衍生工具进行会计核算。这些标准将在后文解释。

尽管 SFAS 133 给出的定义十分复杂,但是,该准则中确认衍生工具的会计方法即使被认为并不简单,也是较为直接的。所有衍生品必须反复地采用公允价值核算——这意味着,衍生品必须在每个报告期末进行价值重估,并且公允价值中的变动将确认为利得或损失。

然而根据衍生品的性质,公允价值的变动部分在财务报表中进行报告的位置有所不同(即作为当期损益的一部分,或者单独作为其他全面收益的一项构成内容)。对于所有不满足套期条件的衍生品,由公允价值的增减变动引起的利得或损失须在当期损益而非其他全面收益中进行报告。但是对于被指定为且满足套期条件的衍生品,这部分利得或损失的分类将更为复杂。表 15.1 归纳了套期活动中公允价值变动的处理方式。

表 15.1 套期利得或损失的处理方式

套期类型	公允价值变动的分类
公允价值套期	盈利(当期损益)
现金流量套期——有效部分	其他全面收益
现金流量套期——其他部分	盈利(当期损益)
外币套期	
——对指定外币的明确承诺套期	盈利(当期损益)
——对可供出售证券的套期	盈利(当期损益)
——对预期外币指定交易套期的有效部分	其他全面收益
——对预期外币指定交易套期的其他部分	盈利(当期损益)
——对境外经营净投资套期的有效部分	其他全面收益

如上述各套期类型的名称所表明的那样,套期旨在向特定风险提供保护。被套期项目可以是个别资产或负债、资产或负债组合或者某些其他项目,譬如预期交易。

上述公允价值变动分类的讨论也引入了三类主要的衍生品套期。解释如下:

1. 公允价值套期。在大多数场合,这是对主体资产或负债所承受的公允价值变动敞口的套期。然而,也可以对资产或负债特定部分的公允价值变动或未确认的明确承诺进行套期。

2. 现金流量套期。这类套期与现金流量的可能变动相关。其中,现金流量的可能变动将对当期损益产生影响,并可以将此类变动归因于与资产或负债相关的特定风险或者一项非常可能发生的未来交易。

3. 外币套期。这类套期对汇率波动提供保护。

如表 15.1 所显示的,某些套期上的利得与损失计入盈利(当期损益)中,而其他一些利得与损失则作为其他全面收益的一项构成进行报告。利得与损失在何处报告,取决于套期的类型以及套期是否有效。

套期是否有效对利得与损失的报告产生直接影响。譬如,对于现金流量套期,利得或损失的有效部分作为其他全面收益的一项构成进行报告,并在被套期的预期交易影响盈利(当期损益)时重分类为这一影响发生期间的损益。如果该项衍生工具还存在任何多余的利得或损失，那么应在当期确认为盈利（当期损益）。

舞弊风险 No. 15.1

为了将损失报告为一项其他全面收益而非当期损益，不恰当地将现金流量套期与某些外币套期界定为有效套期。

全面地解释如何确定套期工具的有效部分已经超出本书的范围，对于本书的目的而言也无必要。SFAS 133 并未就确定套期有效性的具体方法作出任何要求。然而，这类方法必须具备以下特征：

1. 主体必须在指定套期关系时详细说明评估套期有效性的方法，并且，必须在套期期间内持续地应用这一方法（除非如以下第二步骤所阐述的，发现更好的方法）；

2. 如果主体确定了一种希望用于评估有效性的经改进的方法，那么必须终止现有套期关系，并利用经改进的方法重新指定前述已经全部结束的关系；

3. 主体应采用相似的方式评估相似套期活动的有效性，对相似套期活动采用不同的方法则应证明其合理性。

对于某些公允价值套期与现金流量套期有效性的计量与评估，美国 GAAP 给出了一个简易方法（根据这一简易方法，主体可以在有限的情形下作出关于不存在任何无效性的假定），但是 IFRS 并未提供这类简易方法。

15.3 定义与会计处理——IFRS

IFRS 有其自身一套关于衍生品的定义，绝大部分与美国 GAAP 下的定义非常相似，然而也存在一些重要的差异。

衍生品定义——IFRS

IAS 39 第9段，将衍生品定义为同时具备以下三个特征的金融工具：

a. 其价值随着特定利率、金融工具价格、商品价格、汇率、价格或利率指数、信用评级或信用指数或者其他变量（如果该变量是非金融变量，则该变量不应是合同某一方所特有的）（有时称为标的物）的变动而变动；

b. 不要求初始净投资，或者要求的初始净投资小于预期对市场因素变动具有类似反应的其他类型合同所要求的金额；

c. 在未来某一日期进行结算。

关于衍生品的定义，美国 GAAP 与 IFRS 之间最重要的差异是上述第三项特征。美国 GAAP 下的定义要求或允许以净额结算，而 IFRS 并无此类条款。因此，相较于美国 GAAP，满足 IFRS 下衍生品定义的工具通常更多。

此外，IFRS 也区分了不同类型套期之间的差异。这些差异基本上与前述美国 GAAP 的相关规定一致。2008 年 7 月，一项对 IAS 39 的修订则拓展了可归入套期类型的工具范围。

15.4 计量

根据美国 GAAP，衍生品应反复地采用公允价值核算，公允价值的增减在盈利（当期损益）中报告。例外的情形是，该衍生品被作为特定类型的套期核算。这已在前面进行了解释。

舞弊风险 No. 15.2

错误地阐述衍生品的公允价值，通常表现为高估作为资产核算的衍生品，低估作为负债核算的衍生品。

根据 IFRS，除非采用套期会计，衍生品总是划分为为交易而持有的类型。由此，衍生品应反复地采用公允价值核算，并将公允价值变动产生的利得或损失计入公司的当期损益。这一条款也适用于作为负债的衍生品，例外的情形是该衍生性负债与无报价权益工具相关且须通过交付此类无报价权益工具进行结算。其中，无报价权益工具的公允价值不能可靠计量。这类衍生性负债必须采用成本计量。

15.5 嵌入衍生品

根据美国 GAAP 与 IFRS，嵌入衍生品均必须单独核算。当一项合同在整体上不满足 GAAP 或 IFRS 下的衍生品定义，但某些合同条款可能以类似于衍生品的方式影响该合同中其他交易的现金流量或价值时，嵌入衍生品便产生了。有时，保险政策与租赁会包含嵌入衍生品。嵌入衍生品的影响是：本应由合同作出约定的部分或全部现金流量或交易将基于一个或多个标的物（前文已作出界定）而被修订。譬如，如果租赁合同包含一项关于未来租金支付将根据通胀指数发生变动的条款，那么可以认为该项租赁包含了嵌入衍生品。

舞弊风险 No. 15.3

未能单独确认满足与主合同相分离标准的嵌入衍生品，尤其是代表负债的衍生品。

当衍生品嵌入于某项合同中时，该项合同被称为主合同。如果以下三个特征均得到满足，那么嵌入衍生品必须与主合同相分离并单独核算：

1. 嵌入衍生品的经济属性并不与主合同“紧密相关”（参见其后示例）；

2. 与嵌入衍生品具有相同条款的单项工具将满足衍生品的

定义；

3. 整个合同并未作为以公允价值计量且其变动计入当期损益的类型核算。

嵌入衍生品的经济属性是否与主合同紧密相关要求经过判断。IAS 39 分别给出了一些经济属性与主合同紧密相关和不紧密相关的示例。

租赁中的通胀指数被认为是紧密相关的。因此，继续采用前面的例子。在这类场合该项租赁包含了嵌入衍生品，但是该嵌入衍生品不需要与主合同进行分离并单独核算。

在特定场合，如果一项合同包含一个或多个嵌入衍生品，那么主体可以将该项组合合同整体（当嵌入衍生品与主合同不作分离时，称为混合合同（hybrid contract））指定为以公允价值计量且其变动计入当期损益的金融资产或金融负债类型。

衍生品与套期会计是一个涉及大量特殊术语的异常复杂的主题。有些教科书专门致力于衍生品与套期问题，对这一复杂性所作的透彻解释远甚于本书。

但是，出于本书的目的——帮助确认公允价值会计舞弊风险以及一些与此类舞弊风险相关的征兆——我们不再过多讨论会计概念。

16

员工福利计划发起人的资产或负债

有些员工福利计划也被称作固定缴款计划,即投入该项计划的款额在计划协议中是固定的。雇主的缴款经常是符合条件的员工工资的一定比例(或一定的比例范围)或者与员工缴款相匹配的某一比例。另一些计划则被分类为固定福利计划,即计划对个人获取的福利作出明确界定,且并不必然与特定的缴款相绑定。在上述两类员工福利计划中,固定缴款计划更为常见。对于固定福利计划,最常见的类型则是一些保健福利计划和退休计划。根据这两类计划安排,退休员工在剩余的寿命期内收到约定的或可确定的支付。

有些计划由单一雇主发起,而另一些计划则有多个发起人。通常员工福利计划是独立的法律主体,并且许多计划会将其财务报表提交审计。因此,员工福利计划的资产与负债不同时作为计划发起人的资产与负债进行报告。然而,计划发起人需要对其员工福利计划作出某些披露。

但是在特定场合,计划中资产与负债的公允价值可能促使计划发起人必须在财务报表中记录一项资产或负债,而不仅仅是在附注中作出披露。这一情形只可能发生于固定福利计划。这类计划也是本章讨论的主题。

这场2009年仍在延续的全球金融危机已经对许多主体的财务报表产生了影响。在美国,股市的崩溃已经令许多退休计划资金供应不足。一份来自美世咨询(Mercer consulting)公司的报告表明,截止到2008年末,美国公司养老金计划中原有的$600亿盈余已经转变为$409亿的资金不足(underfunded)状态。根据本章讨论的会计准则,许多在2007年将资金充裕(overfunded)的计划报告为资产的计划发起人,在2008年则须报告为负债。

16.1 美国GAAP与IFRS的资料来源

随着SFAS 158《雇主对固定福利养老金及其他退休后计划的会计处理——对FASB第87、88、106与132(R)号公告的修订》的实施,重要的公允价值负债问题被引入美国GAAP中。如这份报告的名称所显示的,SFAS 158仅适用于固定福利计划,最常见的是一些退休与保健计划。

在IFRS方面,与SFAS 158相对应的指南是IAS 19《员工福利》,尽管后者的适用范围比本章讨论的SFAS 158广泛。

16.2 确认与计量——美国GAAP

根据SFAS 158,单一雇主固定福利计划的发起人必须将该计划的资金供给充裕或资金供给不足确认为一项资产或负债,金额则为该项计划中资产与福利义务的公允价值差额。对于一个设有多项计划的雇主而言,资产将是所有资金供给充裕计划的合计数,负债则为所有资金供给不足计划的合计数。

舞弊风险 No. 16.1

计划发起人不将资金供给不足的固定福利计划确认为一项负债。

通常,固定福利计划本身便是独立的主体,发布一套需经过独立审计师审计的财务报表。计划中的资产与负债不计入计划发起人的财务报表中。只有在此类计划可能出现资金供给过多或资金供给不足状态时,才作为发起人的资产或负债进行报告。

此处,舞弊风险较为明显。如果对该项计划的投资及其他资产的公允价值被高估,那么,将会出现以下情形之一:

- 在计划发起人的财务报表中报告的资产即计划的资金供给充裕状态将被高估;
- 在计划发起人的财务报表中报告的负债即计划的资金供给不足状态将被低估。

舞弊风险 No. 16.2

不恰当地确定固定福利计划资产的公允价值,使该计划表现为资金供给充裕或降低其资金供给不足状态的程度。

评估已确认的资产是否被高估,或者已确认的负债是否被低估,这是同一件事情。但是,阅读计划发起人财务报表的人士甚至可能不会注意某项负债被完全遗漏的情形。因此,评估负债遗漏风险的第一步是仔细阅读财务报表,确定固定福利计划是否存在。

最后,准备或取得一份虚假的关于计划义务的保险精算分析,是高估计划发起人财务报表中的资产或低估其负债的另一种方式。

舞弊风险 No. 16.3

准备或取得一份虚假的关于计划福利义务的保险精算分析，掩饰或低估固定福利计划的资金供给不足状态，或者高估其资金供给充裕的状态。

以下任何一种情形均可能产生虚假的保险精算分析：

- 在由内部准备得到的分析中，使用不正确的假设与计算（如错误地确定报告期末固定福利义务的现值）；
- 利用外部精算保险分析师的工作，使分析过程表现得具有独立性，但事实上，该外部分析师并不独立于主体；
- 修改恰当准备的精算保险分析；
- 为了取得预期的保险精算分析，向外部相关方行贿。

简单地通过使准备材料看上去似乎出自外部专家之手这一方式，审计师与调查人员便可能轻信在编制财务报表时采用的公允估值、保险精算分析及其他报告是可靠的。但是，无论这些报告与研究是否表现为来自可靠的专家，均需要经过检验。

16.3 确认与计量——IFRS

在 IFRS 方面，与 SFAS 158 相对应的指南是 IAS 19《员工福利》。与美国 GAAP 类似，IAS 19 要求发起固定福利计划的主体在特定情形下确认一项负债。该项负债在金额上将等于报告期末固定福利义务的现值减去计划资产的公允价值，并加上或减去其他一些调整。

IAS 19 鼓励但不要求主体在计量所有重大任职后（post-employment）福利义务的过程中展开符合条件的保险精算分析。

如果计划中资产的公允价值与其义务现值的差额产生一项资产，那么与美国 GAAP 下的情形相似，IFRS 允许在该计划发起人的财务报表中确认一项资产。

因此,IFRS 下的舞弊风险与之前解释的美国 GAAP 下的情形相同。

17

或有事项与准备

或有事项代表可能发生但具有一定程度的不确定性的利得或损失。正是这一不确定性，将或有资产与或有负债和那些已经确认的资产与负债区别开来。

庭审案件的结果是一个常见的可能产生利得或损失的或有事项的例子。当主体提出诉讼请求或被其他方指控时，案件的处理结果经常是以现金了结——要么主体作出支付，要么主体收到另一方的支付。根据财务报表编制当时案件所处的阶段，主体的管理层对案件的最终结果会有一定程度的把握。

或有事项会计处理的某些环节涉及公允价值会计。其他一些环节本身不涉及公允价值会计，但要求作出估计并计算现值。上述两种情形均涉及重大判断。因此，本章将同时对这两类舞弊风险展开讨论。

17.1 美国 GAAP 与 IFRS 的资料来源

美国 GAAP 中规范或有事项的准则是 SFAS 5《或有事项的会

计处理》。此外，FIN 14《损失金额的合理估计——对 FASB 第 5 号公告的解释》也给出了一些指南。

IFRS 下的规范则主要是 IAS 37《准备、或有负债与或有资产》。

17.2 确认——美国 GAAP

根据 SFAS 5，或有事项是一种取决于未来事件的可能产生财务影响的现有不确定性。或有事项可以分为利得性质的或有事项或者损失性质的或有事项。

损失性质的或有事项可以导致以下情形的发生：

1. 形成一项负债；
2. 发生资产减值。

只有当以下三个条件均得到满足时，才应将或有损失记录为财务报表中的一项负债：

1. 基础的起因性事件发生于资产负债表日之前；
2. 损失很可能已经发生；
3. 存在估计该项损失的合理基础。

当所有上述三个标准均得到满足时，资产负债表应反映一项负债。然而，所有上述三项标准均容易被操纵，尤其是第二项和第三项。避免在财务报表中确认一项负债的两种潜在方法是：声称损失并非很可能发生；不存在估计该损失金额的合理基础。

当然，如果负债是不可避免的，它终将被记录。但是，管理层可以试图将该项负债拖延至未来期间确认。许多财务报表舞弊的基础是推迟确认具有负面性的交易而加速考虑具有正面效果的事项——创造所有时间性差异，使当期业绩表现得更加稳健。

舞弊风险 No. 17.1

当损失性质或有事项的确认标准已经得到满足时，不确认一项负债（或资产减值）。

决定应否记录一项负债的关键要素之一是损失已经发生的可能性。如果发生损失的可能性非常小(remote)(定义为微小,slight)或者仅仅是可能(possible)(介于非常小与很可能(probable)之间),那么不应确认一项负债。只有当损失很可能已经发生时,才应确认一项负债。

同时,损失发生的可能性也会对是否须在附注中披露该损失性质的或有事项产生影响。对于已经确认为负债的很可能发生的损失性质或有事项,均应在附注披露中作出解释。此外,具有发生可能性的损失性质或有事项也应进行披露,即便其并未在财务报表中确认为负债。只有发生可能性非常小的损失性质或有事项时,才既不要求确认,也无需披露。

舞弊风险 No. 17.2

对于发生可能性大于非常小的未确认的损失性质或有事项,不在附注中作出披露。

仔细阅读附注中有关损失性质或有事项的披露,是确定财务报表是否存在误述的一个重要步骤。如果主体披露而非确认了某项损失性质的或有事项,这意味着该主体将损失发生的可能性认定为大于非常小但小于很可能。这在许多情形下均是一项困难的决定,并难以审计。

利得性质的或有事项会产生两类后果:取得一项资产(如诉讼了结中的现金),或者减记一项负债(譬如,因起诉供应商不履约或履约方式低于标准,那么减记应向其支付的金额)。与或有损失相关的财产收回也属于利得性质或有事项的定义范围。譬如,如果主体发生了一项可能以保险形式收回的或有负债,那么,可通过保险收回的金额便被视为一项利得性质的或有事项。

舞弊风险 No. 17.3

当利得性质的或有事项尚未满足确认标准时，便将其确认为一项资产。

通常，在所有或有因素得到解决之前，利得性质的或有事项不能在财务报表中进行记录。然而如果该利得性质的或有事项涉及一项或有损失的收回，那么，应在很可能发生且能合理估计的前提下进行记录。

如果记录了上述利得性质的或有事项，那么，记录的金额通常限于该相关或有损失的金额。只有当所有与该收回相关的或有因素均得到解决之后，才可以记录超过损失性质或有事项部分的利得性质或有事项。

可能产生利得的利得性质或有事项应在附注中作出披露，然而这是一个应格外关注的领域。如果附注中披露了有关利得性质或有事项的可能性或金额的误导性信息，那么，在以后期间很可能引发已经依赖此类披露的投资者、银行家及其他方面对舞弊性报告提出指控。

17.3 应确认的损失金额

如果前面解释的确认标准得到满足，那么应采用未来将支付金额（或资产减值金额）的最佳估计数记录一项负债。FIN 14 指出，如果存在一个可能发生的损失范围，那么应按代表最佳估计的金额进行计提。如果在可能的损失范围内不存在一个比其他数字更好的金额，那么这项负债应采用上述范围中的最低金额进行确认。

显然，在估计许多或有负债项目的过程中，作出大量判断是必要的。在有些场合，主体可能曾经发生过类似的损失事项，进而可以据此形成此类估计的可靠基础。在形成此类估计的过程中，包括法律顾问在内的外部专家也可以提供可靠的信息，就像发生类似损失事项的其他主体的经验所能提供的信息那样。仅仅基于机构的内部信息且主体不具备任何先验经验的估计，应被视为最容易被操纵的项目。同时，这也是最难以进行审计的估计。

舞弊风险 No. 17.4

低估为损失性质的或有事项所确认的负债金额。

虽然这本身并非公允价值会计问题，但也可以根据 SFAS 157 的指南进行类推。来自组织外部可验证的证据比完全由管理层单纯利用内部信息确定的估计更加可靠。

或有负债结算的时间安排同样会引发会计问题。如果该负债拟于近期结算，那么，应按到期金额的最佳估计数计提。但是，如果该项负债很可能在并非近期的未来某日结算，或者，如果该负债拟采取在期间内分期支付的方式结算，情形又将如何呢？

美国 GAAP 并未强制要求在记录损失性质的或有事项时采用现值技术，但也未禁止采用这项技术。因此，是否将或有负债折现为净现值以反映货币的时间价值，这是一个可由管理层作出选择的会计政策问题。然而，折现为现值并不是一项适用于所有损失性质或有事项的选择权。只有当以下条件得到满足时，才可以使用现值技术：

1. 预期未来通胀的影响必须在计算过程中得到确认；

2. 支付的时间安排是固定或可合理确定的；

3. 负债总额的计算过程是客观且可验证的（这意味着该金额由专家如保险精算师计算得到，采用的假设则可由另一位专家进行验证）。

舞弊风险 No. 17.5

利用不恰当的现值技术，低估或有负债。

在另一方面，如果利得性质的或有负债满足确认的标准，那么除非同时满足以下两个条件，否则必须按照公允价值进行记录：

1. 相关联的负债并未折现为现值（回想前面的解释，可以记录利得性质或有事项的唯一情形——如果这是一项与已确认或有负债相关的价值收回）；

2. 价值收回的时间安排取决于支付该相关负债的时间安排。

由此，除非出现上述条件，利得性质的或有事项通常只在将于某一期间内结算或不拟在近期结算时才要求采用现值技术。

舞弊风险 No. 17.6

夸大已确认的利得性质或有事项的公允价值估计。

回想第二章的内容——SFAS 157 对公允价值的定义以市场参与者将会对特定资产或负债作出的假设为基础。因此，在采用现值技术估计或有负债（或任何其他负债）价值的过程中，必须适用三个考虑因素：

1. 折现率应反映市场参与者在为该负债定价时将会采用的假设；

2. 折现率应仅考虑归属于该项所计量负债的因素，而非该主体特有的其他因素；

3. 折现率应反映与现金流量假设相一致的假设（即根据是否采用折现率调整技术或预期现值技术，利率应有所不同）。

对于第三个考虑因素，已经考虑通胀对未来现金流量影响的名义现金流量应采用包含该通胀影响的利率进行折现。排除通胀影响的真实现金流量则应采用不包含通胀影响的利率折现。类似地，税后现金流量的折现应采用税后折现率。

这项指南在或有负债现值计算中的具体应用，取决于该项负债的性质（譬如，是否存在违约风险，该义务的支付是否可基于所得税目的而得到抵减等）。

17.4 确认——IFRS

在负债方面,IAS 37 将美国 GAAP 下的损失性质或有事项按照损失发生的可能性划分为两种类型:准备(provisions)与或有负债。美国 GAAP 要求根据发生的可能性确认某些或有损失,但不确认另外一些项目,IFRS 则采用不同的术语对不同程度的可能性作出表述。

根据 IFRS,只有当以下三个条件均得到满足时,才可以将准备确认为财务报表中的一项负债:

1. 企业因过去的事项而承担一项现时义务。这可以是法定义务(以合同或法律为基础),也可以是推定义务(以主体的行动、以前实务所确立的模式、政策等为基础的义务);
2. 很可能(意味着发生的可能性大于不发生的可能性)要求以蕴含经济利益的资源流出企业的方式结算该项义务;
3. 能对该项义务的金额做出可靠估计。

如果上述三个条件均得到满足,主体应确认一项负债。这三个条件在实质上与美国 GAAP 下要求确认损失性质或有事项的三个条件类似。负债的计量则在本章的后面部分进行解释。

然而,IFRS 不要求确认或有负债。这些负债基于过去的事项可能(并非"很可能")发生,但存在与否将通过具有不确定性且不处于主体控制范围之内的未来事件发生或不发生而确认。因过去的事项产生的、金额不能可靠估计或并非很可能要求通过经济资源流出企业的方式进行结算的现时义务,也属于或有负债的范畴。

IFRS 不要求将或有负债确认为负债。但是,除非以流出资源的方式结算该项义务的可能性非常小,或有负债应在财务报表附注中进行披露。这一条款反映了美国 GAAP 的基本原则,两套准则仅在术语表达方面存在轻微的差异。

根据 IFRS,或有资产不能确认为财务报表中的资产。然而,如果经济资源很可能流入主体,那么应在财务报表附注中披露该项或有资产。

IAS 37 中与或有资产的讨论相独立的一部分内容是补偿(reimbursement)。这部分内容在某些方面与美国 GAAP 中因或有负债价值收回相关的或有资产相对应。区别在于,IFRS 下将补偿确认为资产的标准比美国 GAAP 的相应内容更加严格。

IAS 37 指出,要求用于结算一项准备的部分或全部支出预期将由第三方(如通过保险或补偿条款)提供补偿时,那么只有当主体结算义务时基本确定可收到该项补偿,才可以进行确认,并作为一项单独的资产进行核算。与美国 GAAP 的规定类似,如果记录了这类资产,那么为该项补偿所确认的金额不可超过准备的金额。

鉴于美国 GAAP 与 IFRS 在这一领域存在较多相似性,舞弊风险在实质上是一致的。可以参见美国 GAAP 对这些舞弊风险的解释。

17.5 计量

将一项准备确认为负债的基础是结算该项义务所必要的预期支出。其中,预期支出应采用结算该义务所需支出的最佳估计数。

当支出可能表现为不同程度时,IFRS 建议使用预期价值法。与美国 GAAP 中 SFAC 7 描述的预期价值法类似,这一方法(见表 17.1 中的解释)需要向各项可能的结果分配相应概率,并根据每一个项目所分配的概率计算上述结果的加权平均值。

表 17.1 预期价值法

估计损失		概率		预期价值
$ 30 000 000	×	10%	=	$ 3 000 000
$ 20 000 000	×	40%	=	$ 8 000 000
$ 15 000 000	×	30%	=	$ 4 500 000
$ 10 000 000	×	20%	=	$ 2 000 000
预期价值				$ 17 500 000

当货币时间价值的影响具有重要性时,准备项目应以预期结算该义务时最佳支出估计额的现值进行确认。如果结算一项义务的预期时间安排延伸至较长时期,可能属于上述情形之一。与该项负债所特有的任何风险一样,计算中的折现率应采用反映现行市场对货币时间价值评估情况的税前利率。

17.6 美国 GAAP 与 IFRS 的比较

美国 GAAP 与 IFRS 在或有事项(准备)这一问题上的差异十分细微。这一细微的差异首先表现为,美国 GAAP 对或有事项的规范在范围上略广于 IFRS。美国 GAAP 将损失性质的或有事项界定为可能导致承担一项负债或资产发生减值的情形。类似地,将利得性质的或有事项表述为可能形成一项资产或使负债减少的情形。相反,IFRS 下的准备仅涉及负债的相关内容。一项准备不可能涉及资产减值。

根据美国 GAAP,只有当某些特定条件得到满足时,已确认的损失性质的或有事项才需折现为现值。在其他情形下,应按照估计金额进行记录。但是,根据 IFRS,所有准备项目(即 IFRS 中与美国 GAAP 下可确认的损失性质或有事项相对应的部分)应按照预期支出的现值进行确认。

根据美国 GAAP,当与或有负债相关的价值收回很可能发生且其金额能合理估计时,可以将这部分价值收回记录为一项资产。而在 IFRS 下,确认此类资产(称为补偿)的标准更难得到满足——如果主体结算该项义务,那么补偿必须在实质上是确定的。在两套准则下,如果记录一项资产,那么金额仅限于为该项负债所记录的金额。

有时,根据 IFRS 确认为准备的金额可能大于根据美国 GAAP 确认为损失性质或有事项的金额。当存在一个有关可能结果的区间范围且范围内每一数字发生的可能性相等时,便属于这种情形。

根据美国 GAAP,当上述情形发生时,应按照区间范围的下限计提准备金额。而在 IFRS 下,采用的则是区间的中点数字。

18

股份基础的交易

股份基础的交易是指主体以自身的股份或以自身股票价格为基础的其他某种支付形式换取商品或服务。员工股票期权作为一类股份基础的交易,是许多公司提供的常见员工福利类型。有些股份基础的交易包含一些可行权条款(vesting provisions),即要求员工在获得所授予的以过去服务为基础计算的股份之前,必须在规定的时间期间内持续受雇于该公司。

在有些场合,主体必须将股份基础的交易记录为权益增加。而在另一些场合,则记录为一项负债。在上述两类情形下,公允价值会计均在股份基础交易的确认中发挥重要作用。

18.1 美国 GAAP 与 IFRS 的资料来源

美国 GAAP 中关于股份基础支付的规范主要是经修订的 SFAS 123《股份基础的支付》(后文简称为 SFAS 123(R),译者注)。该准则致力于绝大部分涉及主体的员工或其他供应商的交易。有些股份基础的交易也可能属于 SFAS 150《同时具有负债与权益特征的特定金融工具的会计处理》的规范范围。此外,SEC 也曾经发布一些关于股份基础交易会计处理的解释性指南。

EITF 第 96-18 号《因购买或出售商品或服务而向员工以外的各方发行权益性工具的会计处理》中可以找到更多指南。EITF 96-18 专门讨论主体与员工以外的各方发生的股份基础支付交易在计量日的相关会计问题,其中交易的计量按照所发行权益性工具的公允价值为基础。这一问题未在 SFAS 123 中论及。

员工持股计划(employee stock ownership plans)的会计处理并未包含在 SFAS 123(R)规范的范围之内。AICPA 工作人员立场公告第 93-6 号(SOP 93-6)《雇主对员工持股计划的会计处理》为此类计划提供了会计指南。

IFRS 下关于股份基础支付的规范则见于 IFRS 2《股份基础的支付》。IFRS 2 为三类股份基础支付交易提供了指南。

1. 以权益结算的股份基础支付交易。在这类交易中,主体以自身的权益工具(包括股票或股票期权)为对价换取商品或服务。

2. 以现金结算的股份基础支付交易。在这类交易中,主体以向供应商承担负债的方式购入商品或服务,交易的金额则以主体的股票或其他权益性工具的价格(或价值)为基础确定。

3. 主体收到或购入商品或服务,同时交易安排的条款向主体和商品或服务的供应商提供以现金或通过发行权益性工具的方式结算该笔交易的选择权。

所有上述三类交易均涉及公允价值会计舞弊风险。

在股份基础的交易中,必须对三个关键的会计问题展开讨论:

1. 该交易是否应作为一项负债或权益的增加处理?

2. 该交易应在哪一个时点进行记录(即计量日是哪一天)?

3. 公允价值应如何确定?

将交易的影响在负债与权益之间作出区分是一个非常复杂的问题。本书关注的重点是公允价值会计的影响,因此仅提及上述问题,但不作深入解释。

18.2 确认——美国 GAAP

SFAS 123(R)要求,主体应在收到商品或服务时初始确认该项股份基础的交易。在这一时点,作为会计分录的抵消性贷方,主体需要确认一项负债或增记权益。

舞弊风险 No. 18.1

将本应划分为负债的股份基础交易,错误地划分为权益增加。

此处,明显的初始舞弊风险是将股份基础交易错误地划分为权益增加而非负债。通过这一分类方式,无论计量是否准确,由于资产负债表中漏记一项负债,主体的财务状况将表现得比实际情形更加稳健。

记录为一项负债还是增记权益,需要根据交易涉及的具体情形确定。SFAS 123(R)为六类股份基础的交易制定了分类指南:

1. 具有卖出或买入特征的股票。当满足以下条件之一时,应将这类股票划分为负债:

a. 重新购回特征可使员工在一个合理的时间期间内(6 个月或更长)避免承受通常与股东权益相关的风险与回报,该期间从提供必需的服务和股份发行之日开始;

b. 雇主使员工在一个从股份发行日开始的合理时间期间内(6 个月或更长)避免承受上述风险与回报是很可能的。

2. 处于以下情形之一的股票期权或基于股票的类似工具,应总是划分为负债:

a. 主体将该标的股票记录为负债;

b. 主体可以在任何情形下要求以现金或其他资产结算此类期权或类似工具。

3. 以主体股票价格之外的其他因素为指数的奖励。如果该项奖励以主体股票价格之外的除了市场、业绩或服务条件的因素为指数，那么应将其分类为负债。如果额外的因素是市场、业绩或服务条件，那么该项奖励则应分类为权益。

4. 具有区别于看跌条款的实质性条款的奖励。在这些场合，作出恰当分类时必须考虑实质性条款。通常，如果实质性条款规定以现金结算（或者，在员工提出要求的前提下，主体通常以现金进行结算），那么应记录一项负债。相反，如果实质性条款要求采取权益形式结算（或者，员工可以选择以权益形式结算），那么应记录为权益。

5. 包含一项允许经纪商协助行使部分或全部奖励条款的奖励项目。如果以下两个条件均得到满足，那么这些奖励不会使本应划分为权益的工具归入负债类型：

a. 非现金性的行权要求有效行使股票期权；

b. 根据该项期权，员工是这些股票的合法所有者（尽管在作为期权标的的股票出售前，员工尚未支付行权价格）。

6. 包含以下具体条款的奖励项目不会必然地将本应划分为权益的工具归入负债类型：必须保留超过最低法定要求的金额或给予员工一项保留超过最低法定要求部分的金额的选择权。然而，如果对一项超过最低法定要求的金额予以保留，或者根据员工的判断可能予以保留，那么该奖励项目应整体归入并作为负债核算。

上述六种类型之外的工具以及在股份基础的交易中授予员工的独立形式金融工具的分类，可参见 SFAS 150。

18.3 计量——美国 GAAP

股份基础交易的计量应以参与这一与主体交易的相关方的性质为基础。与员工发生的所有股份基础交易，无论分类为负债或权益，均采用授予日的公允价值计量。其中，公允价值以所有上述针对员工的情形中涉及的权益性工具的公允价值为基础（如公司股票的价格）。

> **舞弊风险 No. 18.2**
>
> 故意地错误表述股份基础交易中公司自身权益性工具的公允价值，导致负债或权益的低估或高估。

权益工具的公允价值计量是一个很复杂的问题，并且有可能成为舞弊的对象。在第107号《工作人员会计公报》（SAB 107）中，SEC指出：

工作人员认为，尽管员工股票期权的公允价值估计可以从预期价值计算中进行推导，但并不能预测实际的未来事件。该项公允价值估计计量的是员工向公司提供服务的成本，该项应反映在计量日（通常为主体授予奖励的日期）市场参与者在确定需为工具支付多少金额时将会采用的假设。

如果股份基础的交易被划分为负债，那么，须在该项负债结算之前的每一个报告期末进行重新计量（进而得到每一个报告期末的公允价值）。通常，股份基础交易中负债的最后计量日为结算日。

这为公允价值会计舞弊提供了诸多机会——初始确认时的估值，初始确认后每一报告期末的重估值。当然，如果管理层的意图在于低估负债，便意味着他们会同时低估自身股票的价值。

虽然舞弊性财务报告经常涉及负债的低估，但有时也存在高估负债的动机。在股份基础交易中，这类情形最可能发生于主体收取商品而非服务的场合。此时，特别是当该主体的资产基础被用于计算向某一金融机构的借款基础时，主体可能存在同时高估资产与负债的动机。

> **舞弊风险 No. 18.3**
>
> 错误地表述股份基础交易中所收取的商品或服务的公允价值，导致负债或权益的低估或高估。

通常,用于确认主体与非雇员之间发生的股份基础交易的金额也是所涉及权益工具的公允价值。然而,如果在与非雇员股份基础的支付交易中所收取商品或服务的公允价值可以比所发行权益工具的公允价值更可靠地计量,那么应采用前者计量这项交易。

这是另一个潜在的舞弊领域,因为决定哪一个基础——股票的价值或者所收取商品或服务的价值——更为可靠是一个判断问题。管理层可能会辩称,虽然得到的确实是其更加想要的结果,但这一基础同时也代表了更可靠的估计。

如果报告主体是非公众主体,那么可以采用内在价值(intrinsic value,一个经由计算得到的价值)计量股份基础支付安排中的负债。

18.4 确认——IFRS

与美国 GAAP 类似,IFRS 也对作为负债处理的交易与作为权益处理的交易进行区分,将股份基础的交易分为两大类:

1. 以权益结算的工具;
2. 以现金结算的工具。

此外,根据 IFRS,发生于主体与员工之间的交易和主体与其他方之间的交易适用于不同的计量条款。这也与美国 GAAP 相似。

当主体收到以主体自身权益工具为对价的商品或服务时,此类商品或服务必须采用公允价值计量,而会计分录的贷方相应增记权益。公允价值则应按主体收到商品或服务当日的情形计量。

与上述分录相关的舞弊风险可以沿着两个方向推进——高估或低估公允价值。如果服务已经收取,那么公允价值可能被低估,因为会计分录的借方很可能计入费用,这将降低该期间的净收益。如果所收取的服务符合资本化的条件,那么可能演变为高估公允价值的风险。

类似地,如果商品已经收取,那么高估所收取商品价值的风险可能上升,导致短期内资产的高估。譬如,如果存货已经收取并被高估,尽管仍然留在仓库,但资产已被夸大。一旦存货项目得以出售,高估的存货便作为已售商品成本进行报告,由此对利润的低估产生影响。然而,如果所收取的商品在某一账户中进行资本化,进而在多个期间内作为资产项目持续存在,那么这一影响将表现为长期高估资产。譬如,如果所收取的商品(或服务)用于一项建筑物或其他长期资产(无论是否需要计提折旧)的构建,那么高估的资产将在多个期间(或许是许多年)内使主体的财务状况被人为夸大。

服务的提供者可以是第三方或主体自身的员工。在由员工提供的服务方面,IFRS 2 给出的规则略有不同。在这类情形下,主体必须采用所授予权益工具的公允价值计量这项交易,而非所收取商品或服务的公允价值。这与美国 GAAP 一致。除非存在一个可行权期间,否则计量应在授予日展开。

大部分可行权条款以服务期限或业绩指标为基础。IFRS 2 指出,对于要求一定服务期限的可行权条款,主体应假设在该可行权期间内可收取的服务将能够收取。因此,此类服务应在可行权期间内、服务提供之时进行核算(而非将任何确认递延至可行权条款满足当时)。譬如,如果某位员工基于三年服务的完成而被授予股票期权,那么,主体应假设该员工将在完整的三年期间内提供服务,这意味着应在员工提供该项服务时进行核算。此时,会计分录的抵消性贷方仍为主体的权益。

类似地,主体应假设包含实现业绩条件的可行权条款将会被满足,并且,该员工将在要求实现业绩条件的期间内向主体提供服务。在这一情形下,主体应根据最可能出现的结果估计完成业绩条件所要求的服务期长短,并在这一期间内确认该项服务(并相应地增记权益)。

舞弊风险 No. 18.4

错误地估计员工的服务期限,该期限对于满足股份基础补偿所要求的可行权业绩条件是必要的。

估计满足履约条件所必需的服务期长短是另一项可能的操纵对象。采用一个过长的期间可能导致费用的低估,采用一个过短的期间则会高估费用。

虽然基于确认从员工处所收取服务的目的,可以假设可行权条件将会在未来得到满足,但是,为了在计量日计量股票或股票期权的公允价值,可行权条件可能被忽略。

如果从非员工方所收取的商品或服务的公允价值不能可靠估计,那么,应以权益性工具的公允价值(而非所收取商品或服务的公允价值)记录这项交易。

IFRS 2 指出,如果条件许可,权益工具的公允价值应以市场价格为基础确定。同时,也应对各项与所授予权益工具相关的条款与条件进行考虑。如果不能取得市场价格(譬如与紧密持股公司相关的权益工具),那么公允价值的估计应利用估值技术,以确定在该计量日熟悉情况的自愿双方之间在公平交易中将为此项工具确定的价格。

在以现金结算的股份基础支付交易中,主体通过向供应商承担负债的方式取得商品或服务,交易的金额以主体的股票或其他权益工具的价格(或价值)为基础。这类交易也潜藏着公允价值会计舞弊风险。这是因为,交易中所收到的商品或服务将按照这项负债的公允价值进行记录。并且直至负债得到结算,主体将必须在每一个报告期末以及结算日重新计量负债的公允价值。各期之间的价值变动应确认为当期损益。这一处理方式也与美国 GAAP 一致。

最后,如果主体或供应商可以选择以现金或发行权益工具的方式结算交易,那么,IFRS 要求此项交易应作为以现金结算的交易核算。

18.5 计量——IFRS

IFRS 2 规定,对于与"员工和其他提供类似服务的相关方"之间的以权益结算的股份基础交易，所收取服务的公允价值与相应的权益增加应根据所授予权益工具的公允价值确定，因为通常不能对服务的公允价值作出可靠估计。

对于其他所有以权益结算的股份基础支付交易(即与员工提供的服务有所不同的、主体与非员工之间的服务交易和所有商品交易)，如果所收取商品或服务的公允价值能够可靠估计，那么，应以该商品或服务的公允价值计量所收取的商品或服务以及相应的权益增加。如果不能可靠地估计所收取商品或服务的公允价值，那么，主体应以所授予权益工具的价值为基础计量公允价值。

表 18.1 归纳了 IFRS 下以权益结算的交易中所收取商品或服务的计量基础。

表 18.1 股份基础交易的计量基础

交易对手方	计量基础
员工	所授予权益工具的公允价值
类似于员工的非员工	所授予权益工具的公允价值
其他非员工	所提供商品或服务的公允价值

如果条件许可，主体应以市场价格为基础确定权益工具的公允价值，同时考虑权益工具授予当时的条款与条件。

如果不能获得市场价格(譬如，对于权益工具未公开交易的主体)，主体应采用估值技术估计所授予权益工具的公允价值，即在计量日此类权益工具应有的价格。这类估值技术应与金融工具定价的"公认估值方法相一致"，并应结合熟悉情况的自愿市场参与者在确定此价格时将会考虑的所有因素与假设。

在确定公允价值的过程中，必须对奖励给员工的权益工具中内含的任何限制性因素考虑在内。这些限制性因素对公允价值的影响则以是否在必要的服务期届满后继续有效为基础。在估计工具的公允价值时，必须考虑向员工发放权益工具后继续产生影响的限制性因素。对于权益性质的股票期权(equity share option)，应考虑不可转让性的影响，并将员工的预期行权和行权后雇佣关系的终止行为在公允价值估计中得到反映。

术语“公认的估值方法”可以适用大量的判断。这是发生舞弊性估值的又一个潜在领域，应寻求企业估值专家的建议。

在有些场合，主体或许不能可靠地估计计量日所授予权益工具的公允价值。在这类情形下，主体必须采取以下步骤：

1. 以内在价值计量权益工具，包括主体第一次取得商品或收到服务时、嗣后每一个报告期末以及最终结算日。内在价值的变动则在当期损益中进行报告。

2. 根据最终授予的权益工具数量，或者在适用的场合根据最终行权的权益工具数量，确认所收取的商品或服务。确认的可行权期间内所收取商品或服务的金额应以预期将会授予的股票期权为基础。如果嗣后的信息表明，预期将授予的股票期权数不同于之前的估计，那么应对估计进行修正。在可行权日，主体应将估计数修正为最终授予的权益工具数。在可行权日之后，如果此后股票期权在股票期权期限届满时被没收或失效，那么必须对已经确认的所收取商品或服务的金额进行修正。

对于以现金结算的交易，取得的商品或服务和所承担负债的计量应以该项负债的公允价值为基础。在负债结算之前，主体必须在每一个报告期末和结算日重新计量负债的公允价值，并将公允价值中的变动确认为当期损益。

19 非货币性交易

非货币性交易涉及双方之间的非货币性资产交换——一方通过提供非货币性资产以解除对另一方的负债，或者一方通过提供服务与另一方交换非货币性资产（或解除一项负债）。有时，这些交易也称为以物易物交易（barter transactions）。通常，非货币性交易的记录原则会涉及公允价值会计，但也存在一些不涉及公允价值概念的例外情形。基于本书的目的，将具有公允价值会计舞弊潜在影响的以物易物交易分为以下两大类：

1. 通过提供商品或服务，换入非货币性资产；
2. 通过换出非货币性资产，换入商品或服务。

非货币性交易可以形成主体的资产，也可以形成负债，这是本章讨论这一主题的原因。

19.1 美国 GAAP 与 IFRS 的资料来源

美国 GAAP 中存在一系列有关非货币性交易的规范，最重要的是以下几份资料：

- APB 第 29 号意见书《非货币性交易会计》；
- SFAS 153《非货币性资产交易——对 APB 第 29 号意见书的修订》；
- EITF 第 01-2 号问题《对 APB 第 29 号的解释》；
- EITF 第 99-17 号问题《广告性以物易物的会计处理》；
- EITF 第 04-13 号问题《向相同对手方购买与出售存货的会计处理》。

此外，其他一些 EITF 文献也对非货币性交易的不同方面进行了讨论。但是，从本书的目的出发，上面列出的这三份 EITF 文件是最相关的。SFAS 157《公允价值计量》则对非货币性交易会计核算中的公允价值计量产生影响。

IFRS 中不存在一份单独的关于非货币性交易的综合性准则。相反，多份文献资料对非货币性交易的各个具体方面作出讨论。譬如：

- IAS 16《不动产、厂场与设备》；
- IAS 18《收入》；
- IAS 38《无形资产》；
- SIC 31《收入——涉及广告性服务的以物易物交易》。

19.2 确认与计量——美国 GAAP

美国 GAAP 与 IFRS 在绝大部分非货币性交易的会计处理上非常相似。通常情况下，非货币性交易的会计处理以所涉及资产或服务的公允价值为基础。

APB 第 29 号意见书指出，非货币性交易的会计处理应以所涉及的资产（或服务）的公允价值为基础，这与货币性交易中使用的基础相同。因此，通过非货币性资产交换的方式取得的非货币性资产，应以为取得该项非货币性资产而放弃的资产的公允价值作为成本，并确认交易中的利得或损失。

舞弊风险 No. 19.1

为了确认交易中的利得，夸大非货币性交易中所放弃资产的公允价值。

如果所收到资产的公允价值比所放弃资产的公允价值更明确，那么应采用前者作为所取得非货币性资产的成本计量。类似地，在非互惠性转让(nonreciprocal transfer)中取得的非货币性资产，按照所收取资产的公允价值进行记录。

然而，对于非货币性交易应采用公允价值记录的这项基本规则，存在三种例外。在每一种例外情形下，均应采用主体所转让非货币性资产的账面价值(很可能为该资产的成本减去任何减值或累计折旧后的余额)来计量交易：

1. 如果交易中所转让非货币性资产的公允价值或所收取非货币性资产的公允价值均不能在合理的限度内确定；

2. 如果该项交易是以正常商业流程中为销售而持有的产品或不动产交换在相同商业链上出售的产品或不动产，由此促进向交易对手方之外客户的销售(对于这一例外情形，EITF 04-13 的指南进一步指出，与相同对手方之间的两项或更多项存货购买与销售交易应视为一笔单独的交易)；

3. 如果该项交易缺乏商业实质。

舞弊风险 No. 19.2

当非货币性交易事实上缺乏商业实质且不能以公允价值计量时，却采用公允价值进行记录。

关于第三种例外，SFAS 153 指出，只有当以下标准之一得到满足，表明主体的未来现金流量预期将因该交易而发生明显变化时，非货币性交易才具有商业实质：

1. 所收取的资产在未来现金流量上的风险、时间安排及金额(统称为结构(configuration))明显不同于所转让的资产在未来现金流量上的风险、时间安排及金额(结构中任何一个要素的变动均代表该结构发生了改变);

2. 所收取的资产对主体的特定价值不同于所转让的资产对主体的特定价值,并且相对于所交换资产的公允价值,该项差异较为显著。

特定主体的价值这一概念与公允价值不同。财务会计概念公告(SFAC 7)《在会计计量中应用现金流量信息与现值技术》对特定主体价值做了解释(虽然 SFAC 7 中称为特定主体的计量)。特定主体价值代表一个具体主体的情境下资产或负债的价值。譬如,一项资产的特定主体价值将以主体自身对该项资产使用情况的预期为基础,而非市场参与者将对该资产的使用及价值作出的假设。回想一下第二章对 SFAS 157 的讨论,根据这份准则,资产公允价值的确定以向市场参与者出售为基础,考虑市场参与者对该项资产所作的假设。

如果非货币性资产的交换具有商业实质,该项交易应采用公允价值计量,并可能产生利得或损失。如果交易缺乏商业实质,那么,该项交易应以所换出资产的账面金额(在适用的情形下,减去该项资产上的任何价值减损)来计量。

在某些非货币性资产交易中,也会涉及一方向另一方转移(放弃)货币性对价的情形。这会引出交易整体是否应作为货币性或非货币性交易处理的问题。EITF 01-2 指出,如果货币性对价不低于交易中公允价值的 25%,那么该项交易应视为货币性交易。交易双方均应采用公允价值记录货币性交易。然而,如果货币性对价低于交易公允价值总额的 25%,那么货币性对价的收取方应适用按比例确认利得的处理方式,货币性对价的支付方则不应确认一项利得。

19.3 确认与计量——IFRS

根据 IFRS, IAS 18 要求收入必须按照所收取或可收取对价的公允价值计量。因此,任何涉及收入的非货币性交易,譬如主体同意以收取非货币性资产方式交换商品或服务的情形,收入与所收到的资产均应按照所收到非货币性资产的公允价值确认。

IAS 16 对涉及有形资产的非货币性交易作出了类似的规定。该准则指出,通过与相似资产进行交换而取得的不动产、厂房与设备,应以公允价值作为初始入账金额。与美国 GAAP 下的处理方式类似,这一公允价值计量应根据具有商业实质的具体交易情况而定。

因此,IFRS 下非货币性交易的公允价值会计舞弊风险与前述美国 GAAP 下的情形相同。

19.4 广告性以物易物交易——美国 GAAP

EITF 99-17 讨论的是日益常见的双方主体之间进行非货币性广告交换的交易类型。在有些场合,两家互联网企业就在各自网站上播放广告的权利进行交换。在另一些场合,则涉及更为传统的印刷品广告或广播性质的广告。

上述情形中的会计问题是收入与费用应以广告的公允价值还是账面价值进行记录。在一定期间内,由于收入与费用按照相同的金额记录,交易对损益的影响是零。然而,由于收取广告收益的时间期间可能不同于提供广告收益的时间期间,这会产生时间性差异(即在短期内,会计分录中广告收入或费用科目的抵消性对方可能记录为一项资产或负债)。因此,这些交易的计量可能对一个组织的财务报表产生重大的短期影响。这种影响也可能涉及前后交叠的若干个财政年度。

复杂的问题是，按照美国 GAAP 记录广告费用可能相当复杂。SOP 93-7《广告成本的报告》指出，根据所涉及的具体情形与管理层作出的选择，广告可以采用三种不同的方式确认为一项资产或费用化。

根据 EITF 99-17 中的指南，只有当交易中所换出广告的公允价值可以根据主体自身过去的特定实务确定，即向该以物易物交易的对手方无关联的买方提供类似的广告而收取现金或其他容易转换为现金的对价时，广告性以物易物交易应按照公允价值进行确认与计量。

上述要求必须同时满足。否则，必须按照所提供广告的账面金额为基础记录该项交易，其对损益的影响将很可能是零。

舞弊风险 No. 19.3

当公允价值的确认标准未得到满足时，却按照公允价值确认广告性以物易物交易。

在评估以现金交易的广告与以物易物交易中广告的相似性时，应考虑以下五个因素：

1. 预期的目标市场中的发行量、风险敞口或饱和状态；

2. 时间安排（一天中的某个时点，一周中的某一天，每季，每天，每周，一天 24 小时，一周 7 天）；

3. 显要性（网站上的页面，期刊中的位置（如封面、封底或其他位置），具体某页上该广告的位置以及广告篇幅）；

4. 读者、审阅者或客户群的特征；

5. 持续期间（广告播放的时间长度）。

在评估过去是否存在从类似广告中收取现金的实务时，主体仅需要考虑在该项以物易物交易发生日之前最近六个月的情形。

舞弊风险 No. 19.4

为了避免以公允价值记录广告性以物易物交易，当公允价值确认标准已经得到满足时，错误地声称标准并未满足。

根据主体是否希望采用以公允价值计量的原则，上述交易中的舞弊风险可以朝着两个不同的方向推进。如果收入与费用将在相同的报告期间确认，那么，除非主体仅仅希望使结果看上去比实际情况更大，否则不会产生差异。

但是，对于收入与费用将在不同期间确认的情形，结果将可能使一个期间比另一个期间明显改观。譬如，如果收入将在本期确认（因为某一主体提供的广告收益在本期发生），费用则将在下一期间确认（因为主体在该期间之前不会收到相关收益），那么，利用夸大的公允价值确认这笔交易将使当期的盈利情况比实际好得多。

当然，短期的舞弊行为伴随着代价——下一期间将承担一项负面的影响，即确认一笔夸大的费用。但是，舞弊实施者经常仅考虑如何使当期的情况看上去好些，下一期间的情况则以后再作考虑。

舞弊风险 No. 19.5

在广告性以物易物交易中，夸大为换取另一方提供的广告性收益而换出的广告的公允价值。

19.5 广告性以物易物交易——IFRS

在 IFRS 方面，SIC 31 讨论了一方向另一方提供广告服务时的收入确认问题。SIC 31 给出的广告示例包括设置在网站、电视或无线电台广播、杂志或报纸中打印的广告以及其他媒体上播放的广告。

SIC 31 总结认为，不能对所收取的广告性服务的公允价值（即以所收取的收益为基础估计广告费用的报告金额)作出可靠评估。然而,出售方可以按照以物易物交易中所提供广告性服务的公允价值可靠地计量收入。SIC 31 列举了可作为确定以物易物交易中公允价值基础的非以物易物交易的五个特征。这些非以物易物交易的五个特征分别是:

1. 涉及的广告类似于以物易物交易中的广告(譬如,在一笔以物易物交易中,主体提供在一份杂志中半页篇幅的彩色广告。通常情况下,主体向其他客户提供半页彩色广告收取一笔标准金额的费用);

2. 交易频繁发生;

3. 与所有提供类似于以物易物交易中广告的交易相比,此类交易在交易量与金额上均具有代表性;

4. 涉及现金与(或)其他能可靠计量公允价值的对价(如有价证券);

5. 不涉及与大宗交易中相同的交易对手方。

如果上述五个条件均得到满足,主体将需要按照可比交易中的收费率以相同的金额记录广告费用与广告收入。

虽然 SIC 31 与 EITF 99-17 在文字表述方面存在差异,IFRS 与美国 GAAP 的结论则基本一致。如果存在一些差异,那便是在采用公允价值时,IFRS 要求提供比美国 GAAP 下更多的支持,因为 IFRS 涉及可比广告的频率。然而如前面所讲述的,美国 GAAP 要求考虑的六个月期限规则在 IFRS 下则不适用。

但是,美国 GAAP 与 IFRS 在最重要的标准方面——存在涉及现金或其他对价的相似交易——保持一致意见。因此,IFRS 下与以物易物广告交易相关的公允价值风险和美国 GAAP 下的情形完全相同。

20

非营利组织的特殊公允价值问题

20.1 引言

除了本书中其他部分描述的许多公允价值问题外，非营利组织中也存在一些容易引发舞弊问题的公允价值会计要求。与商业企业不同，非营利组织极少根据其盈利能力进行评估，并且，通常情况下盈利性也不作为这类组织的最重要目标。与财务稳健性相比，一个组织的使命更加重要。因此，非营利组织经常根据其在完成使命过程中所提供服务的程度与质量进行考察。譬如，面向无家可归的个人与家庭开放的收容所并不以其在当年度所赚取的利润多少进行衡量，相反，考察的基础是收容所服务的人群数量与质量。

上述目标使非营利组织无需采用财务的方式进行计量。然而，一些财务指标经过长期发展已经成为非营利组织尤其是慈善机构的基本计量标准。其中，最重要的财务指标是一个组织的项目费用率(program expense ratio)。该指标计量一个组织的项目费用占费用总额的比率。非营利组织的费用可以分为两大类：项目服务费用(program service expenses)与支持性服务费用(supporting service expenses)。项目服务费用是在实现组织使命的过程中与发送商品或提供服务相关的直接与间接成本。支持性服务费用则代表所有其他费用,如组织的一般性管理与行政费用以及募款(即筹集慈善性捐助)成本。

许多慈善性非营利组织的目标是维持一个较高的项目费用比率。事实上,一些出版物与评级机构仅仅或主要根据这一比率对慈善机构进行排名。虽然这一方式因未能考虑不同组织之间运营特征的差异而有失公允,却是对非营利部门的现实描述。因此,现实中可能存在最大化这一比率的动机——采用任何必要的方式。

基于非营利组织的不同使命类型(与商业企业相比)及其所采用的不同财务指标(如项目费用率),这一领域的财务报告舞弊可能来自于使组织表现得更具有盈利性或财务上更加稳健的动机,但也可能存在其他动机。事实上,一些公允价值及其他财务报告舞弊对非营利组织财务报表中所报告的净损益的影响表现为中性(neutral effect)。

20.2 非现金性质的资产捐赠

许多非营利组织在很大程度上依赖于慈善性捐赠的支持。当一个组织收到现金或现金等价物的捐赠时,这些交易在本质上已经按照公允价值进行表述。但是,当主体收到除了现金或现金等价物以外的资产时,譬如食品、衣物、设备或土地,计量将变得十分棘手。

SFAS 116《收到的捐赠与对外捐赠的会计处理》指出,当主体收到非现金性质的资产捐赠时,这些资产与相关的收益应按照捐赠当日资产的公允价值进行记录。如果该项资产随后应用于或分配至慈善项目中,那么,该项资产的折旧费用或全部金额(如果该资产被指定为某个项目的一部分)将分类为该组织财务报表上的一项项目服务费用。

舞弊风险 No. 20.1

夸大从捐赠人处收取的作为捐赠物的非货币性资产的公允价值，由此夸大非营利组织在后续使用该项资产所提供服务时的费用。

因此，有意地高估捐赠性交易中所收取资产的公允价值将产生以下结果：

1. 如果资产作为存货而持有或者在慈善活动中使用，将会导致资产与收益的高估（即便对该项资产计提折旧，其账面净额仍会被高估，由此导致组织的净资产被夸大）；

2. 如果该项捐赠的资产在后续期间分配至某个项目，将同时导致收益与费用的高估。

在第二种情形中，收益与费用被夸大的金额是相等的。然而即便如此，两项潜在的利益可能为公允价值会计舞弊提供动机：

1. 由于高估的费用被划分为项目费用，该组织的项目费用率将被人为地夸大；

2. 该组织所开展活动的总量也将被高估（即尽管报表上的最后一个项目（净利润——译者注）不受影响，该组织的规模将比实际情形看上去更大，这可能对未来的捐赠人或补助授予机构产生正面影响）。

20.3 资产的捐赠性使用

对于资产的捐赠性使用，SFAS 116 要求采用类似的公允价值会计处理方式。在这类交易中，捐赠人并未将资产的所有权转移给慈善团体，而是以一个低于市场租金的费率（经常免收租金）授权后者使用资产。譬如，捐赠人可能将办公场所免费地提供给某个慈善团体使用。

舞弊风险 No. 20.2

高估或低估捐赠人免费提供给非营利组织使用的租用场所的公允价值。

在这些情形中,慈善团体应以所租用场地的基本公允价值为基础,以相等的金额同时记录捐赠收益与租金费用。人为地夸大租用场地的公允价值会产生与高估捐赠性资产的公允价值相同的影响。

然而,也可能存在低估公允价值的动机。回想一下前面对报告目标的解释——非营利组织的所有费用分为两大类:项目服务费用与支持性服务费用。如果以最大化项目费用率为目标,那么,该组织将希望仅仅增加分类为项目费用的这部分开支。费用的分类是根据这部分支出的服务目的为基础展开的。

如果该免租金(或低于市场租金)的场所供支持性服务活动使用(如完全用作行政办公场所),那么,该组织可能希望采用尽可能低的价值。然而如果该场所旨在提供项目服务,那么该组织可能希望采用尽可能最高的公允价值。

为了得到上述情形下公允价值的可靠证据,由第三方对租金率进行评估可能是必要的。一些以免租金方式提供给非营利组织使用的不动产属于专用财产,在不具备专业知识的情形下可能难以对租金价值作出评估。

20.4 捐赠承诺

捐赠的资产与资产的捐赠性使用也可能表现为另外一种可夸大公允价值会计舞弊影响的因素。根据 SFAS 116 的要求,有关在未来期间作出捐赠的无条件捐赠需记录为当期的收益,并且如果承诺适用于若干个年度,那么这项对未来的承诺应采用现行价值记录。

因此，如果捐赠人同意以免租金的方式提供办公场所，并承诺在未来多个期间作出此类赠与，那么，承诺日的应收款项与捐赠收益将以未来租金的现值进行记录，于是所下的赌注更高了。夸大租金率所涵盖的未来年份数将更显著地高估非营利组织的资产、收益与净资产。

在另一些场合，捐赠人作出的无条件承诺采取在未来期间转移非现金资产的形式（如承诺在未来某日捐赠土地或建筑物），或者转移当前表现为非现金形式资产项目上的现金收入（如剩余资金慈善信托（charitable remainder trust）在向受益人作出收益支付后所留剩的部分，并对信托中的这些剩余资产进行清算）。

舞弊风险 No. 20.3

在已对信托届满时将可以接收信托中剩余资产的慈善机构作出指定的条件下，错误地阐述不可撤销的剩余资金慈善信托中所持资产的公允价值。

我们尝试给出一个有关剩余资金慈善信托的例子。在这个例子中，当信托在寿命期限内向受益人作出支付后，某慈善团体将可以接收“剩余的部分”（即信托中所剩的部分）。假设这是一项无条件的承诺（在考虑其他因素后，经常由该信托是不可撤销的这一事实所证明），那么，该慈善团体应在考虑向受益人在其剩余寿命期内作出必须支付的影响后，以信托的预计剩余价值的现值记录一项资产与捐赠性收益。为了记录该笔交易，必须对四条信息作出判断：

1. 当前由信托所持有的资产的公允价值。在有些场合，如果对该信托的投入采取存款证明、公开交易证券等非常简单的形式，那么公允价值将很容易确定。然而，这些信托中有时被置入了难以确定公允价值的非常规资产类型；

2. 估计信托机构的存续期间（即受益人的寿命期望值），这是计算现值的一个因素；

3. 指定现值计算中的恰当利率(SFAS 116 要求采用该组织的无风险回报率);

4. 确定对受益人作出支付的具体条款(如固定利率的年金或更加复杂的条款)。

显然,上例中存在一些发生财务报告舞弊的机会。最明显的是,操纵信托机构资产的公允价值将对非营利组织的财务报表产生潜在的重大影响。虽然本书的许多内容主要关注那些可以使主体在财务上表现得比实际情形更加成功的机会,这个例子则较好地提醒读者,有时也可能存在相反的动机。一些非营利组织可能试图夸大此类资产的价值。然而有些组织则试图忽略该项资产或以更低的价值记录该项资产,并且倾向于在该组织实际从信托机构中取得收入时记录捐赠性收益。

20.5 捐赠的服务

SFAS 116 也为记录捐赠的服务(即非补偿性质的服务或公益性劳动)提供了指南。并非所有公益性劳动均应予以记录,但是在确需记录这类劳动时,应以所捐赠服务的公允价值为基础,以相等的金额同时记录收益与费用。

舞弊风险 No. 20.4

非营利组织对尚未满足确认标准的捐赠服务进行确认,或者有意不确认已满足确认标准的捐赠服务。

根据 SFAS 116,需要记录的捐赠性服务只有两类:

1. 形成或增强一项非金融资产的服务(如与构建或改善建筑物或其他不动产相关的公益性劳动);

2. 具备以下特征的服务:(a)要求专门技术;(b)由掌握专门技术的人员提供;(c)如果未曾捐赠给该组织,那么通常需要通过购买的方式获得的服务类型。

需指出的是，捐赠的服务不需同时满足上述两项标准。满足其中一项标准便可强制要求一个组织以公允价值记录公益性劳动。

对于第二项标准，所有三个特征则必须同时具备。通常，要求专门技术的捐赠服务类型包括专业服务（会计、法律等），医疗保健（医生、护士、理疗师等）和要求经过培训的行业或工艺（如电工、管道工等）。

非营利组织可能希望记录捐赠的服务，也可能试图避免记录此类服务。与前面所解释的捐赠类似，确定存在何种类型的风险取决于公益性劳动的性质。如果服务的捐赠人涉及项目性服务的提供，那么，该组织通常将希望确认这项劳动。如果捐赠人的职责主要在于行政性或款项募集方面，那么，该组织经常倾向于不确认此类劳动。

舞弊风险 No. 20.5

不恰当地估计非营利组织财务报表中所确认的捐赠服务的价值。

对于需要记录的捐赠服务，应采用公允价值进行确认。当捐赠服务的价值以人为夸大的金额作出不恰当的估计时，将对财务报表产生与前述情形一致的影响：

- 项目费用率的高估（假设捐赠性服务与项目活动相关）；
- 全面夸大组织的活动规模与活动数量，使财务报表的阅读者认为该组织的规模看上去比实际情形更大。

20.6 配比要求

某些非营利组织可能还存在另外一种高估非现金捐赠之价值的动机。许多政府补助项目包含一项配比或成本分担的要求。这意味着，只有当某个组织获得一定程度的实物或服务捐赠（in-kind contributions)时,才有资格享受政府支持。其中,实物或服务捐赠是一个关于所有非现金捐赠收益形式的术语。一些政府许可的实物或服务形式补助并不满足 GAAP 下(某些捐赠服务类型)的确认标准。然而,大部分政府承认的这类补助必须遵照 GAAP 的要求进行确认(尽管有时采用不同的价值)。这便是本章解释的致力于某些公允价值会计舞弊的另一个潜在动机。

21

公允价值披露问题

21.1 引言

财务报表附注与基本财务报表本身同样重要。附注对财务报表编制过程中所采用的许多会计政策与处理方式进行解释，并且，在有些情形下甚至会披露一些基本财务报表中并未包含的相关项目信息。

从侦查公允价值会计舞弊的视角，基于以下两个理由，应对附注披露进行审阅：

1. 披露可以提供有助于侦查公允价值会计舞弊风险的重要线索；

2. 披露本身可能被有意地误述（或遗漏），这也构成一种财务报表舞弊。

舞弊风险 No. 21.1

在财务报表附注中遗漏强制要求作出的披露。

披露中的舞弊可以划分为以下几种情形：

- 完全遗漏一项强制要求作出的披露；
- 遗漏一项披露的某些必要因素(即某个附注在表面上似乎符合披露的要求，但事实上遗漏了一条关键的读者可能认为有用的必要信息)；
- 在附注中提供误导性的或不准确的信息。

上述每一类舞弊背后的策略均有其自身明确的特征。譬如，完全遗漏某项披露似乎意味着一种最明目张胆的公然违背。然而这可能是最难以侦查的。通常，发现遗漏的内容比发现财务报表及附注中信息的误述更加困难。

当有意遗漏一项披露时，主体是在期待这样一个事实，即一般的财务报表阅读者将不会注意到这项遗漏。然而值得庆幸的是，审计师将可能会发现这类遗漏，因为当审计师审计主体的财务报表时，通常会就披露清单展开广泛的审查。然而，即便是经过良好训练的审计师，有时也难免发生遗漏。

舞弊风险 No. 21.2

从财务报表附注的披露中遗漏强制要求提供的信息。

作出一项强制要求的披露，但省略某些要素则建立在不同的假设之上。在这一情形下，舞弊实施者期望阅读者将会满足于附注中所披露的某个特定问题，而不会注意到一条关键的必要信息已经被遗漏。

同样地，训练有素且勤勉尽责的审计师在仔细审查披露清单后，应有能力发现上述第二种遗漏类型。

舞弊风险 No. 21.3

在财务报表附注中披露不准确的信息。

第三类披露舞弊假设阅读者(和审计师)将会意识到某项遗漏的存在,但可能不会注意到一项披露的某些要素是否准确。在财务报表附注中有意作出不准确披露的最常见类型是:降低任何负面信息的重要性或夸大正面信息的影响。所有行为均旨在使主体在财务上表现得比实际情形更加稳健与成功。

21.2 披露要求的资料来源

无论是美国 GAAP 还是 IFRS,几乎每一份会计准则均会包含与该准则所涵盖的特定会计问题相关的具体披露要求。事实上,对许多披露要求作出全面的解释已经超出本书的范围。

鉴于本书致力于公允价值会计舞弊的讨论,披露要求的覆盖范围将限于最容易引发舞弊或最可能有助于评估公允价值会计舞弊风险的少数强制性披露内容。

对于上述及其他强制性披露的详细内容,读者应参阅具体的会计准则或全面的披露清单。

21.3 金融工具

美国 GAAP 与 IFRS 均对金融工具规定了大量的强制性披露要求。金融工具是本书所讨论的包含许多资产与负债项目的一大类型。这些披露要求的主要资料来源分别是美国 GAAP 下的 SFAS 107 和 IFRS 下的 IFRS 7。此外,SFAS 157 与 SFAS 159 中也可找到许多披露条款。其中,SFAS 159 对许多金融工具引入了公允价值选择权。

根据美国 GAAP 与 IFRS,这一领域最重要的披露要求或许应属于每一类以公允价值计量的金融资产与金融负债在确定公允价值时采用的方法与假设。此类披露应清晰地阐述所采用的方法,如收益法、现值技术及市场法等。披露中应明确说明在应用市场法的场合是否已经采用市场报价。与公允价值计量相关的重要假设的披露,则应包含诸如利率与折现率、假设的通胀率及其他恰当信息等项目。

通常,如果确定公允价值的方法在前后期间内发生了变动,那么也应对此作出披露。如前面所指出的,在这场延续至 2009 年的经济危机中,一些曾经作为市场法下确定公允价值的数据来源的活跃市场,如今已经演变为不再活跃。这已经并将继续迫使确定上述证券公允价值的方法发生变化,并经常导致采用完全不同的估值模型。

对于财务报表的读者而言,披露所采用的方法与假设蕴含着丰富的信息。表述恰当且完整的披露应向读者提供充分的信息,使其能够形成有关上述方法与假设适当性的初始观点。如果通过阅读附注未能提供这一程度的信息,那么便存在披露未能达到准则要求的可能性,这或许存在一定的理由。

在美国 GAAP 下,SFAS 159 也要求披露管理层对每一个符合条件的项目或项目组合选用公允价值选择权的理由。如果对于一组相似项目中的部分而非全部项目选用了公允价值选择权,那么主体应披露作出此类部分选用的理由。

最后,SFAS 157 在美国 GAAP 中引入了一系列新的披露要求。IASB 在开发一份与 SFAS 157 相对应的 IFRS 征求意见稿的过程中,仔细考虑了许多与 SFAS 157 相一致的披露内容。在本书得以出版之际,预计该征求意见稿也已经发布了。

回想一下本书前面的内容,SFAS 157 引入了一个估计公允价值时所采用输入变量的层级。这份准则要求披露在开发公允价值计量时采用的输入变量在层级中所处的层次。采用第三层次输入变量时所要求的披露比那些与第一或第二层次相关的披露内容更加广泛(回想一下,第三层次输入变量是“不可观察的”输入变量,即管理层内部开发得到的输入变量)。

对于无需反复采用公允价值计量的项目,SFAS 157 作出了有别于需反复采用公允价值计量的项目的单独披露要求。无需反复进行的公允价值计量通常与减值问题相关,这将在下一部分解释。

根据财务报表所涵盖的期间,衍生品与套期活动的强制性披露要求有所不同。对于自 2008 年 11 月 15 日之后开始的期间(譬如 2009 年 3 月 31 日结束的季度、2009 年 12 月 31 日结束的年度等),SFAS 161《衍生工具与套期活动的披露》规定了新的披露要求。对于在此之前的期间,则应遵循 SFAS 133 所解释的披露要求。

读者将需要回顾第十一章中与主体评估自身债务违约可能性相关的债务性义务账面金额不断降低的问题。对于公允价值在报告期间内明显受工具特有的信用风险变动影响的负债,美国 GAAP 要求披露三个因素:

1. 归因于工具特有的信用风险变动且计入当期盈利的利得或损失的估计;
2. 关于上述变动原因的定性信息;
3. 如何确定上述利得与损失。

21.4 减值损失

本书在第四章、第七章、第九章与第十章中讨论了资产减值问题。有关减值的一个令人困扰的问题是,当前不同类型的资产适用不同的减值测试准则。这在美国 GAAP 下尤为如此。目前,尚不存在一份单独的可适用于所有资产类型的减值测试准则。

回顾第四章中的内容。根据美国 GAAP,涉及债务性与权益性证券减值的一个重要问题是,减值是否表现为"非暂时性质"。当证券处于未实现损失状态时,美国 GAAP 要求披露以下特定信息,以有助于读者理解主体在形成减值损失不属于非暂时性质这一结论时所考虑的信息:

- 投资的性质;
- 减值的原因;

- 处于未实现损失状态的投资头寸数字；
- 减值的严重程度与持续期间；
- 主体在形成结论时所考虑的其他证据（譬如行业分析师的报告、部门信用评级等）。

SFAS 144 则确立了包括无形资产在内的长期资产减值的诸多披露要求。在评估舞弊风险时，三项最重要的披露要求是：

1. 描述发生减值的资产与引致减值的事实及情形；

2. 用于确定公允价值的方法（如市场报价、现值及其他估值技术等）；

3. 在适用的情形下，报告已发生减值的长期资产所在的企业分部。

在 IFRS 方面，IAS 36 对长期资产与无形资产减值作出了类似的描述性要求。然而前已述及，IFRS 允许转回前期确认的减值损失，这在美国 GAAP 下是不允许的。当主体记录此类转回时，IFRS 要求披露促使这一转回发生的事件或情形。

最后，无形资产也是一类适用减值测试的主要资产。IFRS 包含一条美国 GAAP 下并不存在的潜在有用的披露要求。对于任何不适用于摊销方式的无形资产（这意味着，管理层认为这类无形资产不具有明确的使用寿命），主体必须披露支持其关于该项资产的使用寿命不明确这一评定的理由。

21.5 不确定性

无论是美国 GAAP 还是 IFRS，均包含一项关于计量不确定性的披露要求。如果在资产负债表日存在一项不确定性，且该不确定性具有引起资产负债表日所在年度的资产与负债账面金额做出重大调整的显著风险，那么主体应披露有关该不确定性的信息。该项披露应识别受影响的资产与（或）负债的性质及其在资产负债表日的账面金额。

最后，需要指出的是，本书中的指南不应被视为一份完整的披露清单。相反，本章旨在有助于公允价值会计舞弊风险的侦查。因此，本章描述的披露仅限于那些最可能引发公允价值会计舞弊的披露内容。

第五部分

公允价值会计舞弊的侦查

本书的最后一部分归纳公允价值会计舞弊的侦查方法。对于不同类型的读者,侦查的主题可能有所不同。有些读者是审计师——某一主体财务报表的独立审计师,或者是内部审计师。有些读者则可能是贷款人、舞弊调查人员、投资经理、监管层或与财务报表分析相关的其他类型的读者。

在公允价值会计舞弊问题上,审计师的责任可以分为以下三类:

1. 评估财务报表的重大误述风险,包括由舞弊引发的误述风险;

2. 了解主体对财务报表中公允价值会计应用的内部控制的设计与实施;

3. 实施审计程序,取得关于公允价值计量已按照适用的会计准则进行公允表述的保证,包括财务报表附注中的公允价值披露。

财务报表的其他读者在责任方面有所不同。如果你正在阅读本书,那么无论你是一名审计师、贷款人、审计委员会的成员、股票分析师或者其他诸多类型中的一员,目标均是对舞弊展开侦查。因此,本书最后一部分的目的在于提出一个侦察公允价值会计舞弊的框架,而不论读者身居何职。

在侦查舞弊的过程中,审计师与其他人士所采用程序的最大差别在于前述列表中的第二项。审计师负有了解围绕公允价值计量所设计的内部控制的特定责任。当然,维护内部控制的主要责任在于管理层,管理层也必须积极地考虑内部控制的改进。但是,审计师以外的外部各方可能完全忽略对内部控制作出任何评估。譬如,贷款人、调查机构、保险公司或分析师很可能更关注第一项与第三项。事实上,上述外部各方甚至可能并未取得对内部控制展开任何细致分析所必需的记录。但是,当可以获取有关内部控制的信息时,鉴于其在评估舞弊风险中的作用,应对此类信息作出权衡。

22

公允价值会计舞弊侦查框架

22.1 评估舞弊风险

在侦查舞弊的过程中极为重要的第一个步骤,是对财务报表是否存在公允价值会计舞弊的风险进行评估。舞弊风险的评估涉及以下一系列关键的步骤:

1. 了解财务报表中可能受公允价值会计影响的方面;
2. 考虑可能影响财务报表中公允价值会计问题的外部因素;
3. 确定可能受公允价值计量影响的财务报表要素的重要性;
4. 如果可行,对公允价值会计问题所实施的内部控制进行评估(这一条主要适用于审计师,但在其他特定情形下也可采用)。

此处描述的风险评估程序可能是一项范围较广且非常耗时的程序,譬如审计师对从事复杂的国际经营活动的主体实施审计的情形。但也可能十分简单,譬如调查机构对某一具体的舞弊指控展开深入调查的情形。

在完成对公允价值会计舞弊风险的评估后,便需转而关注对具体测试程序的设计,以致力于在风险评估阶段所识别的各项风险。

这些测试或审计程序应首先以风险最大的领域为目标，再由此进行拓展。

22.2 了解公允价值如何影响财务报表

为了解公允价值会计如何影响财务报表，首先需要完整地阅读报表及其附注。其后，以附录A所归纳的舞弊风险为指引，确定附录中的这些会计问题是否存在于财务报表中（如有价权益性证券、衍生品、无形资产等）。

一旦确定了存在舞弊风险的领域，那么可以参阅本书中与之对应的相关章节，获得对每一个宽泛会计主题中特定舞弊风险的理解。

在确定公允价值如何影响财务报表时，最困难的环节莫过于识别在财务报表上并未出现但本应包括在其中的领域，这便构成下文将要讨论的内容。但是，对附录A再作一番浏览也不是一个坏主意。

22.3 揭示风险的外部因素

在仔细审阅财务报表后，分析外部因素是风险评估程序的下一个重要步骤。该步骤的重要性同样取决于读者所处的角色。如果你正在对指控存在某一特定类型舞弊的告密者作出回应，那么对外部信息的更多审阅可能并不重要。但是，如果你正在对财务报表实施审计或你是一名依赖于财务报表的外部读者，那么再次强调这一步骤的重要性也不为过。

外部因素可以为舞弊风险的评估提供有益观察点。譬如，考虑以下两种情形：

- 一项外部因素可能直接引起对公允价值预期的调整（譬如，经济衰退经常会产生有关公允价值的调整将引发损失的预期）；

- 一项外部因素可能会产生通过实施公允价值会计舞弊进行某种应对（如应对竞争者）的动机。

在评估公允价值会计舞弊风险时，应对以下十项外部因素作出考虑：

1. 主体经营所处地区的经济状况。这可以是全球性质的，或限于特定国家层面，抑或仅仅属于某一国家的特定地区；

2. 主体经营所处行业的发展趋势。无论总体经济的发展态势如何，该特定行业运行良好还是前途糟糕；

3. 主体所持特定类型资产的市场动向。房地产业便可作为其中一例；

4. 主体经营所处行业的技术进步。是否存在可能使主体的产品（或许是主体的一项或多项无形资产）在预期之前废弃的新产品与服务？

5. 主体的客户经营所处行业的变化。譬如，主体可能对处于衰退趋势的特定区域或行业中的主体类型存在大量的集中销售；

6. 对主体产生影响的新法律或规则。譬如，新的管制条件可能对主体的产品产生影响，并可能提出对产品进行重新设计的要求，或者一项新的法律可能产生资产退回义务；

7. 与主体存在业务关系的国家汇率发生变动。譬如，一家供应商或客户位于欧洲的美国本土公司；

8. 利率变动。这可能影响主体的借款成本或投资项目；

9. 新竞争者的进入或先前竞争者的消失。这可能加剧或降低公司面临的压力，并对产品或服务的定价产生影响；

10. 金融机构收紧信贷，使借款更为困难。譬如，由本次经济危机所触发的信贷紧缩已经迫使报告稳健财务业绩的压力上升。

有些外部因素在特定地区或行业中是常见的，有些外部因素则是主体所特有的。列出主体所特有的外部因素清单，需要在考虑其他因素的基础上，对该主体及其在行业中所处的地位有深入的了解。

22.4 内部风险因素

除了分析主体的财务报表并考虑附录 A 中所列出的特定会计舞弊风险之外，还需要考虑对公允价值会计舞弊(及许多其他类型的财务报告舞弊)风险构成影响的许多内部因素。这些内部因素可以分为两大类型：

1. 与管理层的风格及主体总体环境相关的风险因素；

2. 与财务报表中采用的公允价值计量一般特征相关的风险因素。

与管理层的风格及主体工作环境相关的内部因素有多种类型，此处列举十七种情形：

1. 高层基调——管理层对道德准则与诚信的态度及表现，尤其在财务与遵循方面；

2. 遵循与道德规范是否被确认为一项主体在执行官层面的职责，一项受到尊重并辅以充分资源与权威的职责；

3. 主体应对风险的态度——该主体属于不受限制或激进地接受新风险的组织类型，抑或在风险偏好上相当保守；

4. 实现财务目标的压力——管理层是否处于实现财务目标的巨大压力之下；

5. 主体是否设有运行良好的热线与告密者保护系统，员工可以顺畅地就财务上的不恰当处进行报告，而无需担心遭受打击报复；

6. 董事会与审计委员会是否恰当地履行职责，为会计与内部控制职责提供了相应水平的监督；

7. 人力资源政策与程序，包括人员聘用、背景审查、目标定位、培训方案、业绩评估以及薪酬激励等；

8. 监控跨期财务业绩的体系，包括将结果与预算、以前期间情况等进行比较、分析；

9. 制定主体预算的程序；

10. 主体如何作出策略规划——譬如，主体是否激进地规划快速发展的策略？

11. 主体兼并其他企业的计划（和过去的实践）；

12. 薪酬或业绩评价直接或间接地与财务业绩相挂钩的程度——可以预期，经理在一定程度上是其根据财务业绩进行评价并实施奖励的。但是，如果工资或奖金的重要部分与财务业绩相关联，或者职务升迁过分地与财务业绩相挂钩，这将成为舞弊风险的重要标识；

13. 管理层与董事会层面设置并运行舞弊风险的管理职责——董事会、审计委员会或其他委员会是否在监督职责方面发挥了积极作用，是否要求并取得了充分的财务信息，是否与管理层及其审计师展开了有效的交流；

14. 董事会，尤其是审计委员会与财务委员会，是否配有可熟练操作该主体所适用的会计核算与财务报告的人员；

15. 主体中内部控制发挥作用的程度；

16. 主体是否前后一贯地推行其道德守则，包括对不道德行为的指控公平地展开调查，对违反行为采取惩戒性措施，而不论犯规者所处的级别或资历；

17. 是否向中层经理与其他负有监督职责的人士提供关于其作用与职责的充分培训，强制推行主体的道德守则并察觉舞弊风险的警示性信号。

此外，以下四项内部因素，也可能表明存在与公允价值计量相关的特定风险：

1. 计量公允价值的过程中使用不可观察输入变量的程度（回顾本书中前面的内容，SFAS 157 将计量公允价值时采用的输入变量归为三类，其中，采用可观察输入变量的两种类型通常比内部开发得到的不可观察输入变量更为可靠）；

2. 在计算公允价值时采用的预测期间的长度——通常情况下，所采用的时间期间越长，与计量相关的风险便越大；

3. 相对于公允价值计量过程中利用外部专家的情形，由内部人员确定公允价值的程度；

4. 涉及公允价值计量的人员之专业技术水平，包括持续教育与培训程度。

内部因素的清单还可以进一步开发。但是，此处所列的是在评估公允价值会计舞弊风险时应予考虑的最重要因素。

22.5 重要性

重要性是否可能构成一项考虑因素，取决于评估舞弊风险的目的。财务报表的审计师总是将重要性考虑在内，因为不可能对每一类风险逐一展开审计。重要性有助于优先处理需要进行更多测试的领域，甚至可能有助于确定测试的程度。

通常，以某一个金额或若干个不同的金额来衡量特定项目是否具有重要性。如果审计师发现误述水平超过了该金额，那么对财务报表进行调整将是必要的。在另一些场合，不同的重要性水平经常作为规划具体审计程序的工具来使用。

但是，重要性不仅仅通过某个金额来体现。对于审计师、调查机构、贷款人或财务报表的其他使用者而言，重要性的定性表述也可能十分重要。

重要性的定性表述可以使一个相对较小的金额产生非常重大的影响。譬如，经过计算后，财务报表的重要性水平确定为＄1 000万。但是，一项金额为＄10 万的错误陈述可能使主体触发某一笔＄2 000万贷款所要求的最低流动比率。试问，该＄10 万的差异可视为具有重要性吗？

读者需要理解，有时即便有意错报一个较小的金额，也可能对主体的财务图景产生重大影响。

22.6 针对公允价值会计的内部控制

内部控制主要服务于主体的以下三个方面：

1. 财务报告的可靠性；
2. 经营的效率与效益；
3. 遵循适用的法律与规则。

在与财务报告可靠性相关的控制措施方面，可以通过多种方式对内部控制进行分类与评价。第一种分类方式是将内部控制划分为预防性质或探测性质。所有针对财务报告的内部控制均旨在预防或发现误述。误述可以是无意的，也可以是有意的，譬如公允价值会计舞弊。预防性的控制措施是内部控制的首选类型。然而，此类控制并非总是切实可行。此时，严格的探测性控制措施便至关重要。探测性控制的设计应以及时发现特定类型的误述为目标。若从完美的角度审视，主体应将预防性与探测性的控制措施相结合。

内部控制也可以划分为主体层面的控制或具体环节的控制。无论财务交易的性质如何，主体层面的控制对等地适用于主体各相关环节，譬如设置告密体系、对新聘人员实施背景核查以及类似的控制措施。具体环节的控制则关注特定的会计循环或者特定账户。在公允价值会计领域，许多最重要的内部考虑因素因所讨论的特定公允价值问题而有所不同。

对内部控制进行正式评价均属于内部与外部审计师的主要工作范畴。如果调查机构与其他财务报表使用者的关注对象为某一个或多个具体舞弊风险，那么，可能无需实施内部控制评价这项工作。

外部审计师对内部控制的考察点可以归纳为以下几点：

1. 获得对所有相关内部控制措施设计的了解（基于本书的目的，相关是指这些内部控制措施对财务报表的重要公允价值问题产生影响）；

2. 对每一领域的内部控制措施逐一展开排查，确保审计师充分了解内部控制的实施情况；

3. 测试内部控制运行的有效性。

在每年的历次审计中，上述第三点并非必须采取的步骤。审计师可能通过运用专业判断，确定可依赖内部控制运行的有效性测试的程度。但是，每次审计中均须包含前面的两个步骤。

然而，管理层与董事会也应对内部控制保持应有的关注。严格的内部控制是实现财务报告可靠性的重要环节。发起人组织委员会（the Committee of Sponsoring Organizations，COSO）确定了内部控制中五个相互关联的构成要素：

1. 控制环境；

2. 风险评估；

3. 控制活动；

4. 信息与交流；

5. 监控。

上述每一个要素均适用于主体的主要会计程序（及其他职能），譬如采购、支付、薪酬费用等。对于许多主体而言，公允价值会计应视为另一项主要的会计程序，并适当考虑预防性与探测性控制措施的构建与维护。与 COSO 内部控制五要素分别相关的针对公允价值会计的关键内部控制措施，可以参见附录 C 给出的示例。

22.7 管理层越权风险

管理层凌驾于内部控制之上，是一个包括公允价值操纵的许多财务报告舞弊的常见因素。大部分财务报告舞弊由高级管理层实施，或者在高级管理层的示意下实施，因此，针对管理层的越权设置强有力的内部控制是预防公允价值会计舞弊的重要措施。

通常，针对管理层越权的控制措施对小规模主体的意义更为重大。在这类主体中，随着高级管理层参与控制措施的实施与期末财务报告程序的程度加深,更容易发生财务报告舞弊。所有由高级管理层作出的会计分录均需要经过审阅。在有些主体中,可以实施此类审阅的唯一人选可能来自于董事会或财务委员会——这在非常小型的主体中经常是事实。在中等规模与大型主体中,则可由内部审计部门或其他人员对管理层的会计分录进行审阅。

22.8 公允价值会计舞弊侦查框架

本章前面部分讨论的一系列考虑因素,均旨在引入一个侦察公允价值会计舞弊的全面框架。下文方框中列示的十个步骤是本书所提议的评估舞弊风险并形成风险调查计划的程序。

公允价值会计舞弊侦查框架的十个步骤

步骤一:阅读财务报表及其附注,了解主体、主体的经营活动、期间的财务成果以及期末的财务状况;

步骤二:识别可能对公允价值会计舞弊风险产生影响的外部因素;

步骤三:审阅附录A中所列的公允价值会计舞弊风险,对那些初次阅读财务报表及附注时便适用的风险作出标识;

步骤四:再次阅读财务报表及其附注,将最可能适用于该主体的风险添加至前述公允价值会计舞弊风险的列表中;

步骤五:展开比率分析及其他分析性程序(见第二十三章解释),识别可能表明存在舞弊风险的非预期或异常的关系或趋势,并将之添加至前述列表中;

步骤六:根据第一至第五步骤确定的风险,阅读本书的相应章节,更深入地理解前述已识别的舞弊风险、此类舞弊如何得以展开以及可搜寻的其他舞弊信号;

步骤七:如果可行,识别并考虑可能对公允价值会计产生影响的内部因素;

步骤八:如果可行,考虑主体的内部控制对公允价值会计的影响——这些控制措施是否引发了舞弊的机会,或者,控制措施是否降低了某些已经识别的舞弊风险?

步骤九：为已经识别的舞弊风险设计具体的审计（调查）程序，并优先处理那些可能具有最大的潜在性对财务报表产生重大影响的风险；
步骤十：评价步骤九中所实施程序的结果，并对财务报表是否在欺诈基础上编制作出评估。

步骤九中适用于个别舞弊风险的具体程序将取决于舞弊风险的性质。如步骤六所阐述的，在确定舞弊风险之后，为了理解具体风险的细节，应仔细阅读本书的相关章节。对相关章节的阅读也将有助于提升读者确定相关后续程序的能力，这些程序可用于确定舞弊是否已经发生。

譬如，如果已经识别的舞弊风险是在计算现值时采用了不恰当的折现率，那么，读者显然需要考虑所有相关因素，确定你认为的恰当折现率应是多少，并将之与主体采用的折现率进行比较。此类评估可能要求读者确定一位外部专家，寻求其帮助。

在确定具体的舞弊风险之后，最经常应用的四类侦查程序分别是：

1. 评价管理层采用的方法是否恰当；

2. 评价估值方法中应用的输入变量与假设是否恰当（譬如利率、增长率以及现金流量假设等）；

3. 利用步骤2中已经核实的输入变量与假设，测试管理层对方法的应用情况；

4. 评估管理层是否已经识别所有公允价值问题（譬如，管理层是否遗漏了（或许是有意地）一项公允价值损失或负债）。

事实上，下一节讨论的审计准则提供了一些有用指南，尝试对主体财务报表中包含的公允价值计量作出评估的人士可以采用。根据这些指南，对任何会计估计（包括公允价值计量）实施的审计，通常存在三种方式：

1. 测试管理层采用的程序（即你是否赞同管理层采用的方法、参数、假设与计算过程）；

2. 自行开发独立的公允价值计量,并将之与管理层在主体财务报表中报告的计量结果相比较;

3. 考虑财务报表日后所发生的事件可能提供的证据(譬如,对于一项在 12 月 31 日以某个特定公允价值报告的资产,在 1 月 25 日却以明显偏低的金额出售,这可能表明 12 月 31 日的估值存在问题)。

在确定财务报表编制过程中是否已经实施公允价值会计舞弊时,每一位读者将需要应用上述一类或多类程序。

22.9 审计准则

相较于其他使用者而言,审计师承担更多的责任。本书并不旨在为审计包含公允价值计量的财务报表时可适用的一系列审计准则提供指引。相反,对公允价值计量的审计产生影响的主要准则将需要逐一识别。但是,本书将向审计师提供有助于其履行上述职责的实用指南。

在美国,多年以来一直由美国注册会计师协会(American Institute of Certified Public Accountants, AICPA)负责制定审计准则。但是,《2002 年萨班斯·奥克斯莱》催生了公众公司会计监督委员会(Public Company Accounting Oversight Board, PCAOB)。当前,由该委员会负责制定在对发行人进行审计时应适用的审计准则。其中,发行人是指在 SEC 处进行登记并发行公开交易证券的公司。由此,尽管 PCAOB 参照性地吸收了 AICPA 的准则,后者制定的审计准则在当前主要适用于非发行人层面。然而,PCAOB 也已发布若干份其自身制定的准则。

对于侦查公允价值会计舞弊具有重要意义的审计准则,可以划分为一般性的审计准则或具有针对性的审计准则两类:

1. 一般性的准则处理审计中误述风险的识别问题(误述通常分为两种类型:(1)由舞弊引起的误述,涵盖在某一特定领域的准

则中;(2)由其他任何原因引发的误述,这包含在几份较为宽泛的审计准则中);

2. 具有针对性的审计准则致力于涉及公允价值或会计估计的特定问题。

在美国,有几份审计准则专门对重大误述风险(包括由公允价值会计舞弊引起的重大误述)的评估、重要性、内部控制因素以及其他较为宽泛的审计问题展开讨论。其中,对公允价值会计问题更具有针对性的主要审计准则是 SAS 101《公允价值计量与披露的审计》(经过修订,并编集在 AU 第 328 节中)。其他有用的指南也可在 AU 第 342 节《会计估计的审计》与 AU 第 332 节《衍生工具、套期活动与证券投资的审计》中找到。最后,由于这一领域的审计与舞弊侦查相关,审计师必须遵循 SAS 99 即 AU 第 316 节《财务报表审计中对舞弊的考虑》的指南。

此外,PCAOB 这一对在美国公开发行交易性证券的公司审计实施监管的机构,已经发布了三份有用的文件:

1. 实务提示第 2 号《金融工具公允价值计量的审计与利用专家工作的相关问题》;

2. 实务提示第 3 号《当前经济环境中的审计因素》(2008 年 12 月);

3. 审计准则第 5 号《与财务报表审计相结合的财务报告内部控制审计》。

这三份文件均提供了详细指南,可有助于实施公允价值计量的审计。

通常,大部分包含于财务报表中的公允价值估计可以采用以下三种一般性方法中之一进行审计:

1. 审计师能独立确定公允价值,并将之与管理层在公司财务报表中报告的公允价值相比较;

2. 审计师能对管理层在确定财务报表中的公允价值时所采用的程序与假设进行审计(即类似于测试并依赖于公司的内部控制);

3. 对后续事件(在年度结束后发生的交易)的考量可能提供支持财务报表中某些公允价值估计的证据(譬如,在年度结束后不久立即出售资产,这可能为该资产在年末的公允价值提供可靠证据)。

有些方法可能是上述第一种与第二种方法的融合。譬如,审计师可能独立地计算某个特定的公允价值,但可能将其计算过程部分或完全地依赖于管理层所开发的假设。在这一方法下,审计师也应通过实施审计程序保证管理层的假设是可靠的。在另外一些场合,审计师可能独立地开发某一模型中采用的所有假设,甚至利用完全不同于管理层所采用的模型。

在确定公允价值时,管理层(或管理层聘请的外部专家)将经常依赖大量估计——这些估计在之后演变为确定公允价值过程中的重要参数。如果此后审计师采用对管理层的程序实施审计的方法(上述列表中的第二选项),那么,必须对将会采用的与各项估计本身相关的审计程序的性质与程度进行考虑(即程序本身可能十分稳健,但是如果程序中采用的估计存在缺陷,那么结果亦将出现瑕疵)。

在国际上,审计准则由国际审计与鉴定标准委员会(International Auditing and Assurance Standards Board,IAASB)制定。该组织是独立于国际会计师联合会(International Federation of Accountants,IFA)的一个理事会。从风险评估与应对的角度,最相关的国际审计准则(International Standards on Auditing,ISAs)分别是:

- ISA 315《理解主体及其环境并评估重大误述风险》;
- ISA 330《审计师针对风险评估水平应采取的程序》。

此外,以下国际审计准则对公允价值会计及其舞弊风险的针对性更强:

- ISA 240《审计师在财务报表审计中考虑舞弊问题的责任》;
- ISA 540《包括公允价值会计估计在内的会计估计与相关披露的审计》(ISA 540 修订后对 2009 年 12 月 15 日开始或之后开始的期间审计生效);

- ISA 545（在修订后的 ISA 540 生效后，ISA 545 将被撤销，因为该准则的内容已经被修订并移入新的 ISA 540 中）。

完整的国际审计准则可以从网站 www. ifac. org 上下载。国际审计实务公告第 1012 号《衍生金融工具的审计》中，也可以发现许多指南。

在国际上，与 PCAOB 第 3 号实务提示相对应的文献是 IAASB 于 2008 年 10 月以工作人员审计实务提示（Staff Audit Practice Alert）形式发布的《当前市场环境下审计公允价值会计估计的挑战》。

22.10 审计师独立性

关于审计师与公允价值计量的最后一个视角是审计师应恪守独立性。这本身是一条相当简单的原则，却已出人意料地被违反了许多次。开发财务报表中的所有公允价值计量是管理层的职责。管理层可以通过内部开发得到上述估计，也可以利用外部专家的工作。

上述外部专家不应是审计师，审计师必须保持独立性。如果审计师开发或协助开发公允价值估计，那么审计师便丧失其独立性——审计师已然成为主体会计部门中的一员。在这类情形中，必须聘请其他审计师对财务报表展开审计。

AICPA 与 IAASB 均对审计师的独立性制定了严格的规则，此类独立性规则的重心在于确保审计师恪守审计职责。审计师绝对不应涉入财务报表或其任何部分的编制过程中，包括公允价值计量的确定。

23

利用比率及其他分析性程序

23.1 分析性程序：一项舞弊侦查工具

在总体上，分析性程序可能是一种最有效的财务报告舞弊侦查方法。对于公允价值舞弊，则尤为适用。实施分析性程序的步骤如下：

1. 确立一项预期——可以是一个预期的数字、货币金额或比率；

2. 将实际结果与预期相比较——实际结果是否处于偏离预期结果但可接受的范围之内？

3. 如果实际结果超过合理偏差，则对该差异进行调查。

有助于侦查舞弊的分析性程序有许多不同的类型，最有用的包括以下四类：

1. 水平分析；

2. 垂直分析；

3. 经营性比率；

4. 定制化比率。

上述四种方法较为综合且应用简单。但是正如生活中的许多事物一样，投入的努力越多，价值也经常越大。这一逻辑在分析性程序的许多场合适用。

即便如此，我们仍将从最简单的分析工具开始。

23.2 水平分析

最基本的分析性程序是将当期的实际结果与以下一个项目或两个项目同时进行比较：

- 当期的预算；
- 上一期间的实际余额与结果。

对第二个步骤可以作一些潜在有益的拓展，即将多个期间的收入与费用、利得与损失进行比较，据此确定长期趋势。趋势分析涉及将两个以上期间结果的比较。这一方法可拓展应用于本章所解释的任何一项分析性程序。

请记住，除了收入与费用之外，前后期间的资产与负债余额也需进行比较。有时，同时进行这两类的水平分析可以清楚地显示主体正在经历的完全不同的发展态势。

对实际金额与预算金额之间的差异作出解释，是各类主体中内部控制措施的一个标准环节。如果这一简单的程序未得到恰当实施，那么可以设想，内部控制的其他环节也很可能存在较大的缺陷。

比较两个期间余额的程序称为水平分析。当初次发生公允价值舞弊时，某一账户余额经常在前后两年之间呈现不同寻常的增长或令人费解的下降。但是请记住，有时舞弊的特征表现为我们预计应在前后两期发生显著变动的余额却保持了相对稳定。

实施水平分析时应考虑的另一个因素是：如果条件适用，在何种程度上对账户进行合并可能最有用？水平分析可以根据多种不同的合并程度展开：

- 就单个账户逐一展开分析（即不将任何账户归并在一起）；

- 将具有相似目的的账户类型归并在一处(譬如,将所有与房屋占用相关的成本归集在一起,而非单独比较租金费用、公用事业费用、设备维护及其他类似成本);
- 按照部门或职能范围归集收入与费用;
- 按照地区归集收入与费用;
- 按照经理人员归集收入与费用(这在经理个人参与会计估计形成过程的情形下尤为适用)。

换言之,应从多个不同的视角观察数字。

23.3 垂直分析

垂直分析需要衡量一个单一账户或账户组合在某项更大的合计数中所占的百分比。适用垂直分析的例子有:

- 衡量行政费用(或任何其他费用类型)占总经营费用的百分比;
- 衡量某一分部的费用总额占公司整体费用总额的百分比;
- 衡量源自某一产品的收入占收入总额的百分比。

与水平分析类似,垂直分析也需从不同视角进行观察。这一分析程序可以采用不同的分组方式:

- 以报表项目为基础,将收入的每一构成要素与收入总额相比较,将费用的每一构成项目与费用总额相比较;
- 将具有类似特征的账户归入同一组别;
- 根据地区、分部、经理人或其他有用的共同特征归并账户。

在调查一定时期内账户组合中构成内容的变动情况时,垂直分析将十分有用。

23.4 经营性比率

经营性比率分析是侦察任何类型财务报表舞弊(包括公允价值

会计基础的舞弊)的最可靠方法之一。

当舞弊以一定比例影响某个比率的分子与分母并使其偏离正常(或许是恰当设定的)比率时,运用经营性比率分析最可能发现此类舞弊。譬如,将事实上并不存在的公允价值增加虚记利得后,当期投资的账面金额便会被高估。此时,主体的流动比率(流动资产除以流动负债)将被人为提高(或者,将不会出现原先预期的恶化情形)。当然,流动比率的改善可以存在其他多种解释,大部分解释是完全诚实的,不涉及舞弊。但是对于关键比率中原因不明的变动,尤其是当多个重要指标均发生此类变动时,应前后一致地展开调查。这可能是发生公允价值会计舞弊的初始警示性信号。

用于侦察舞弊的经营性比率可以分为四种类型:

1. 流动性比率;
2. 活跃性比率;
3. 杠杆比率;
4. 盈利性比率。

上述指标中,有些分子与(或)分母表现为财务性质。有些指标则结合了财务金额与非财务统计数字。在评估公允价值舞弊风险时,一些比率可能比另一些比率更有用。比率在侦查公允价值会计舞弊中的有用性,则取决于公允价值问题在多大程度上影响该项分式的分子或分母。

因此,分析的第一个步骤是完成第二十二章所阐述的舞弊风险评估。即审阅财务报表及其附注,并确定受公允价值问题影响的账户列表。在此之后,开始审阅本节中列出的比率,并确定哪些比率在侦查公允价值操纵的过程中可能最有用。

接下来,确定应有的比率预期值。假定对主体及其所处环境均已十分了解,那么,能否预期比率将逐期得到改善、恶化或保持稳定?每一个比率均应适用这一程序。

除了为每一个相关指标确立预期值外,考察不同指标之间预计应存在的关系也是有益的。譬如,随着某一比率的增长,其他指标预计也会发生增长吗？或者，如果通常存在相反关系的几个比率，在第一个指标发生增长的期间，另一些指标会下降吗？

以这种方式观察比率，将有助于进一步提高侦查舞弊的能力。

23.4.1 流动性计量

流动性比率衡量一个组织以短期资产满足短期义务的能力。两类最常用的流动性计量方式是流动比率与速动（或酸性测试）比率。

$$流动比率 = \frac{流动资产}{流动负债}$$

流动比率是最常用的流动性衡量工具。该指标考察主体以报告日持有的任何流动资产满足债权人短期求偿要求的能力。

$$速动（酸性测试）比率 = \frac{现金 + 现金等价物 + 短期投资 + 应收账款}{流动负债}$$

速动比率在流动性方面与流动比率存在轻微的差异。速动比率仅仅采用最具有流动性的流动资产来衡量主体偿还债权人短期债务的能力，而不是利用主体的全部流动资产项目。譬如，预付费用不能用于对债权人的支付，因此，此类流动资产不可列入速动比率计算的分子中。

在评估舞弊风险时，上述两个流动性衡量指标均可以成为主要的怀疑对象。尤其是短期投资，其公允价值容易发生上下波动，是财务报告的粉饰对象之一。其他可能具有公允价值会计影响的流动资产与流动负债包括应收款项、某些衍生品、债务性义务中当期到期的部分以及本书阐述的其他一些项目。

23.4.2 活跃性比率

活跃性比率，有时称作有效比率（efficiency ratios），表明主体如何有效地利用其资产。一些较为常用的活跃性比率包括：

$$应收账款周转率 = \frac{年度销售净额}{平均应收账款余额}$$

应收账款周转天数 = 365/平均应收账款周转率

存货周转率 = 已售商品成本/平均存货余额

存货周转天数 = 365/存货周转率

总资产周转率 = 销售净额/总资产平均余额

固定资产周转率 = 销售净额/平均固定资产余额

无形资产周转率 = 销售净额/平均无形资产余额

与水平及垂直分析一样,许多活跃性比率的计算可以主体整体为基础,也可以所处地区、经营场所、生产线、分部以及经理人等为基础,多视角的计算可以使指标更有价值。在侦查无形资产是否存在价值高估的问题时,无形资产周转率这一指标可以成为一种相当有用的工具。

23.4.3 杠杆比率

杠杆比率衡量一个主体的(经营)稳健性。稳健的杠杆比率意味着即便在经济低迷时期,主体亦能良好运行。

产权比率 = 负债总额(长期 + 短期)/权益总额

权益长期负债率 = 长期负债总额/权益总额

资产负债率 = 负债总额/资产总额

资产权益率 = 权益总额/平均资产余额

利息保障倍数 = 息税前收益/利息费用

对于分析师而言,杠杆比率是非常有用的工具。但是,作为侦查公允价值舞弊的工具,这可能是四类经营性比率中价值最小的一类。杠杆比率的作用主要局限于发现债务性义务是否存在舞弊性的估值行为。

23.4.4 盈利性比率

盈利性比率仅仅用来衡量主体在为其股东创造利润方面的表

现。最有用的盈利性比率包括：

毛利率 =（销售净额 - 已售商品成本）/销售净额

经营活动利润率 = 息税前收益/销售净额

净收益率 = 净收益/销售净额

权益报酬率 = 净收益/股东权益平均余额

资产报酬率 = 净收益 + 利息费用(1 - 税率)/总资产平均余额

投资报酬率 = 净收益 + 利息费用(1 - 税率)/
（股东权益平均余额 + 长期负债）

与本章解释的许多其他比率一样,除了以公司整体为基础计算盈利性比率外,分别按照生产线、分部、所处地区或其他有用的明细分类为基础计算这一比率也可能更具有价值。

23.5 定制化比率

无论总体层面的财务报表舞弊,还是具体的公允价值会计舞弊类型,最有用的分析性程序应属于为具体的舞弊风险领域专门制定的比率。这些比率可能纯粹为财务性质(意味着分子与分母均为账户余额或账户余额的组合),也可能是结合了财务与非财务因素。事实上,一些最有价值的比率具有分子为财务性质、分母为非财务性质的特征。

成功应用这一技术的关键是确定合适的非财务计量方式,并且,应预计此类非财务计量与某个财务金额之间存在某种可预见的关联。财务报告舞弊的实施者极少有能力(或意识到)以相互协调的方式同时操纵财务报表与非财务统计数据。

譬如,假设我们需要对某项具体的无形资产是否已经发生公允价值会计舞弊作出评估。可能的舞弊事实是未记录该项无形资产上已经发生的减值损失。根据无形资产的类型,应予考虑的潜在的有用的比率包括：

- 资产账面价值 ÷ 源自该项资产的收入；

- 资产账面价值 ÷ 源自该项资产的产品总量；
- 摊销费用 ÷ 源自该项资产的产品总量。

与本章描述的任何比率十分相似，定制化比率不能证明公允价值会计舞弊已经发生。恰当地设计这些比率并在各期之间展开比较，仅仅表明发生了某些预期之外的情形。但是，这些预期之外的情形恰恰可能是你发现一项错误应用公允价值会计的重大舞弊的第一个线索。如果你错过了这一线索，那么也可能错过了发现该项舞弊的机会。

附录 A

公允价值会计舞弊风险小结

舞弊风险序号中的第一个数字代表对该项舞弊风险作出解释的章次，第二个数字则代表相应小节对该项风险展开讨论的顺序。

风险序号	描　述
2.1	以其他已知的交易为基础确定公允价值，但所参照的交易并非“有序”交易。
2.2	为了夸大公允价值的估计值，错误地表述一项资产的最大使用程度或最佳使用状态。
3.1	根据对市场中可获取的交易价格或其他参数区间范围的考虑，不恰当地得出有关资产公允价值的结论。
3.2	通过使用不恰当的现金流量金额、操纵未来现金流量的时间安排或者采用不恰当的折现率等方式错误地应用收益法，由此得到不准确的现行价值。
3.3	在成本法下采用不恰当的重置成本估计值，或者，在确定公允价值的过程中，对折耗因素作出不准确的调整。
3.4	利用五项技术中的任何一种，得到一份有偏差的估值报告，以支持财务报表中使用的舞弊性公允价值计量。

续表

风险序号	描　述
4.1	证券在各种类型之间进行不恰当的分类(或重分类)。譬如: • 为了将未实现损失由当期损益转移至其他全面收益中,将交易性证券错误地划分为可供出售证券类型; • 为了将未实现利得计入当期损益而非其他全面收益,将可供出售证券错误地分类为交易性证券类型; • 当管理层事实上不再有意图将某项债务性证券持有至到期或者考虑根据市场条件的变化适时出售时,仍错误地将这类债务性证券划分为持有至到期证券类型。
4.2	在到期前出售了特定类型的债务性证券,但是,未将其他债务性证券从持有至到期类型重分类为其他类型。
4.3	在计算现值的过程中,使用不恰当的折现率,操纵债务性证券公允价值的确定。
4.4	对市场是否活跃,或者,对用于比较目的的已知市场交易是否"有序"或无序作出虚假表述,导致采用不恰当的价值、估值方法或输入变量以操纵公允价值计量。
4.5	将本应作为非暂时性减值处理的公允价值降低,不恰当地视为暂时性减值。
5.1	通过比例合并法核算或按比例确认由各出资人共同持有的各项资产,高估合营企业的资产价值或低估负债,导致合营企业各参与方财务报表上的资产被相应高估。
5.2	通过权益法会计核算,夸大合营企业的资产价值或低估负债,导致合营企业中合伙人财务报表上资产的高估。
5.3	对本应按成本或采用权益法核算的非控制性所有者权益选择适用公允价值会计处理,并错误地应用估值方法,夸大投资的账面金额。
6.1	为了不确认或确认最低金额的坏账或减值,高估贷款与应收款项的预期未来现金流量。
6.2	为了确认最低金额的贷款减值,夸大抵押物公允价值的估计值。
7.1	当资产的确认标准未得到满足时,将内部开发无形资产所发生的成本资本化。
7.2	宣称无形资产的公允价值已发生增长,并错误地将这部分增长记录为利得(仅为 IFRS 下的风险)。
7.3	将具有有限使用寿命的无形资产置于一个不具有现实意义的较长期使用寿命期内摊销(包括当新信息表明应对评估作出修订时,仍不缩短这一使用寿命)。

续表

风险序号	描　述
7.4	夸大有限使用寿命之无形资产的估计残值，由此降低每年应借记为摊销费用的金额。
7.5	为了以不扣减摊销的金额基础记录一项无形资产，正如对分类为有限使用寿命无形资产所作的要求那样，不恰当地声称该项资产的使用寿命不确定。
7.6	未能恰当地测试或确认与商誉或其他具有不确定使用寿命的无形资产相关的减值情况。
8.1	将资产并购不恰当地作为企业合并核算，导致购买价格的舞弊性分配。
8.2	通常采取向无需计提折旧或进行摊销的资产或者具有更长使用寿命的资产作过多分配的形式，不恰当地分配企业合并中的购买价格。
8.3	将企业合并中购买价格的一部分不恰当地分配至不满足单独确认条件的无形资产。
8.4	为了操纵在盈利中确认利得或损失的时间安排或金额，不恰当地计算分步购入的主体中在企业合并前所持有的非控制性权益的公允价值。
9.1	不确认某项资产上已经发生的减值。
9.2	确认一项减值损失，但是通过不恰当地使用计量技术，低估损失的程度。
9.3	不恰当地转回以前期间确认的减值损失（仅 IFRS 下适用）。
10.1	在重估模式下，记录房地产与设备公允价值的虚假增长（仅 IFRS 下适用）。
10.2	在重估模式下，通过将房地产与设备的价值增加不恰当地计入当期损益的方式，错误地划分这部分利得的类型（仅 IFRS 下适用）。
10.3	不确认房地产与设备项目上的减值损失。
11.1	通过错误地表述合同条款，不恰当地摊销债务性义务。
11.2	对于选用公允价值选择权的债务性义务，不恰当地计算其公允价值。
12.1	对于与客户忠诚项目相关的未来奖励信用的赎回，不确认为一项负债。
12.2	低估与客户忠诚项目下奖励信用相关的执行率，由此低估负债。

续表

风险序号	描　述
12.3	低估与客户忠诚项目相关的奖励信用的公允价值(IFRS 下),或者,低估所赚取的荣誉性回扣(退款)的成本(美国 GAAP 下),由此低估负债的金额。
12.4	低估与回扣(退款)项目相关的客户未来购买数量,此类项目授予客户在购买数量增加时享受更高的回扣(退款)率,由此低估负债(美国 GAAP)。
12.5	收入在多类产品发送安排中出售的多项商品或服务之间进行不恰当的分配。
13.1	为了从财务报表上漏记一项负债,错误地声称不存在资产退回义务。
13.2	为了避免确认一项负债错误地声称作出资产退回义务的合理估计是不可能的。
13.3	未能披露确实存在但不能可靠估计的资产退回义务。
13.4	通过不正确的内部估计,或者采用不恰当的外部估计,低估将被要求用于结算资产退回义务的成本。
13.5	通过操纵计算过程中所使用的一个或多个因素,如折现率、预计结算日或通货膨胀率,错误地计算资产退回义务的现值。
14.1	担保人未能以担保合同为基础,确认一项负债。
14.2	当担保人在财务报表中初始确认某项担保时,低估该项担保负债的金额。
14.3	在担保期间内,不恰当地摊销与担保人相关的负债,导致该负债以加速的方式减少并高估收入。
15.1	为了将损失报告为一项其他全面收益而非当期损益,不恰当地将现金流量套期与某些外币套期界定为有效套期。
15.2	错误地阐述衍生品的公允价值,通常表现为高估作为资产核算的衍生品,低估作为负债核算的衍生品。
15.3	未能单独确认满足与主合同相分离标准的嵌入衍生品,尤其是代表负债的衍生品。
16.1	计划发起人不将资金供给不足的固定福利计划确认为一项负债。
16.2	不恰当地确定固定福利计划资产的公允价值,使该计划表现为资金供给充裕或降低其资金供给不足状态的程度。

续表

风险序号	描　述
16.3	准备或取得一份虚假的关于计划福利义务的保险精算分析,掩饰或低估固定福利计划的资金供给不足状态,或者高估其资金供给充裕的状态。
17.1	当损失性质或有事项的确认标准已经得到满足时,不确认一项负债(或资产减值)。
17.2	对于发生可能性大于非常小的未确认的损失性质或有事项,不在附注中作出披露。
17.3	当利得性质的或有事项尚未满足确认标准时,便将其确认为一项资产。
17.4	低估为损失性质的或有事项所确认的负债金额。
17.5	利用不恰当的现值技术,低估或有负债。
17.6	夸大已确认的利得性质或有事项的公允价值估计。
18.1	将本应划分为负债的股份基础交易,错误地划分为权益增加。
18.2	故意地错误表述股份基础交易中公司自身权益性工具的公允价值,导致负债或权益的低估或高估。
18.3	错误地表述股份基础交易中所收取的商品或服务的公允价值,导致负债或权益的低估或高估。
18.4	错误地估计员工的服务期限,该期限对于满足股份基础补偿所要求的可行权业绩条件是必要的。
19.1	为了确认交易中的利得,夸大非货币性交易中所放弃资产的公允价值。
19.2	当非货币性交易事实上缺乏商业实质且不能以公允价值计量时,却采用公允价值进行记录。
19.3	当公允价值的确认标准未得到满足时,却按照公允价值确认广告性以物易物交易。
19.4	为了避免以公允价值记录广告性以物易物交易,当公允价值确认标准已经得到满足时,错误地声称标准并未满足。
20.1	夸大从捐赠人处收取的作为捐赠物的非货币性资产的公允价值,由此夸大非营利组织在后续使用该项资产所提供服务时的费用。
20.2	高估或低估捐赠人免费提供给非营利组织使用的租用场所的公允价值。

续表

风险序号	描述
20.3	在已对信托届满时将可以接收信托中剩余资产的慈善机构作出指定的条件下，错误地阐述不可撤销的剩余资金慈善信托中所持资产的公允价值。
20.4	非营利组织对尚未满足确认标准的捐赠服务进行确认，或者有意不确认已满足确认标准的捐赠服务。
20.5	不恰当地估计非营利组织财务报表中所确认的捐赠服务的价值。
21.1	在财务报表附注中遗漏强制要求作出的披露。
21.2	从财务报表附注的披露中遗漏强制要求提供的信息。
21.3	在财务报表附注中披露不准确的信息。

附录 B

SEC 首席会计师办公室与 FASB 工作人员对公允价值会计的说明

2008 年 9 月,随着全球经济危机的进一步恶化、活跃市场中公允价值证据的剧烈波动以及某些情形下公允价值证据特征的演变,美国证券交易委员会(SEC)就公允价值会计问题发布了以下指南。

关于 2008-234 的紧急发布

2008 年 9 月 30 日,华盛顿特区——对于编报者、审计师与财务信息的使用者而言,当前的环境已经使围绕公允价值确定的问题特别具有挑战性。SEC 下属首席会计师办公室与 FASB 的工作人员已经向包括投资者、编报人与审计师在内的资本市场参与者就当前市场环境中公允价值计量的应用问题展开了广泛咨询。

一系列实务问题要求及时地发布更多指南。SEC 首席会计师办公室承认并支持 FASB 与 IASB 在这些问题上富有成效的努力,包括 IASB 专家咨询组于 2008 年 9 月 16 日发布的文件草案、FASB 估值智囊团的工作以及 IASB 就信贷危机即将举行的会议。为了对上述以及其他有关公允价值计量的问题提供更多指南,FASB 正准备在本周的稍后时间里就美国 GAAP 下的公允价值计量问题提出更多解释性指南的建议。

尽管当前 FASB 正在致力于更多解释性指南,SEC 与 FASB 的工作人员仍试图通过发布紧急说明的形式向编报人与审计师提供帮助。今天这份由 SEC 工作人员与 FASB 工作人员联合发布的说明以 FASB 第 157 号公告《公允价值计量》(第 157 号公告)中的公允价值计量指南为基础,旨在帮助编报人、审计师与投资者解决公允价值计量这一当前环境下被认为最紧迫的问题。

当相关的市场证据不存在时,管理层的内部假设(如预期现金流量)能否用于公允价值的计量?

可以。当某一证券的活跃市场不存在时,利用已将当前市场参与者对未来现金流量的预期与适当风险溢价考虑在内的管理层估计是可以接受的。第 157 号公告已就不能获取相关市场数据时理性的编报人可用于估计公允价值的信息范围与估值技术进行了讨论,这可能适用于当前市场不确定的时期。在恰当的场合,这可以包括来自于资产的预期现金流量。并且在有些情形下,采用不可观察的输入变量(第三层次)可能比利用可观察的输入变量(第二层次)更加恰当。譬如,当必须对可获取的可观察输入变量作出显著调整时,采用一项以不可观察输入变量为主要依据的估计可能是恰当的。公允价值的确定经常要求做出重大调整。有时,不同来源的多重变量可能共同提供有关公允价值的最佳证据。此时,应对预期现金流量与其他相关信息共同作出考虑。在估计公允价值的过程中,不同变量之间的权衡需取决于这类变量提供有关资产或负债价值信息的程度及其在形成合理估计时的相关性。

在评价可用于计量公允价值的信息集合时，应如何考虑“市场”报价（如经纪人报价或来自于定价服务机构的信息）的作用？

在计量公允价值时，经纪人报价可以作为一项输入变量。但是，如果此类证券不存在活跃市场，那么该报价并不必然具有决定性。在流动性市场中，经纪人报价应反映实际交易的市场信息。然而当市场缺乏活跃性时，经纪人可能更多地依赖于只有该经纪人才能获取的信息为基础变量的模型。在权衡将经纪人报价作为公允价值的变量时，主体应较少倚重不反映市场交易结果的报价。并且在权衡可获取的证据时，应考虑该报价的性质（如该报价是否为指示性价格或有约束力的报价）。

被确定为非有序的交易是否能代表公允价值？强制（无序）出售何时可标示公允价值？

在计量公允价值时，无序交易的结果不具有决定意义。公允价值计量这一概念假设市场参与者之间的交易是有序的。有序交易中的参与者自愿进行交易并允许充分暴露于市场当中。强制或被迫的清算性销售不属于有序交易。因此，在权衡可获取的证据时，应对交易是强制或被迫进行的这一事实进行考虑，对具体交易是否被迫进行或无序要求进行判断。

非活跃市场中的交易是否会影响公允价值计量？

会。相同资产的活跃市场报价最能代表公允价值。因此，必须强制采用这一报价（通常无需进行调整）。非活跃市场中的交易可以作为公允价值计量的变量，但很可能不具有决定性。如果这些交易是有序的，那么管理层在估计公允价值时应将其考虑在内。然而，如果非活跃市场中的价格并不反映相同或相似资产的当前价格，那么为得到公允价值必须作出相应调整。

卖方“所要”金额与买方“所报”价格之间差额的显著增加，或者出现相对较少数量的“报价”方，这些因素均应在确定市场是否活跃时进行考虑。确定市场活跃与否则要求进行判断。

在确定投资是否已发生非暂时性减值时，应考虑哪些因素？

通常，价值下降的程度越大，价值预期恢复的时间期间越长；并且价值下降已经存续的时间期间越长，那么得到价值尚未发生非暂时性降低这一结论所必需的证据便越多。

确定减值是否表现为非暂时性质，经常要求根据每项投资的具体事实与情况作出合理判断。其中，包括评估基础投资的性质（譬如，该证券是否为债务性质、权益性质或混合属性），因为基础投资的性质可能对持有人评估价值恢复可能性的能力产生影响。

现行的美国 GAAP 并未就非暂时性减值的判断制定“明确界限”或“安全港”。然而，考虑基础投资性质的“经验原则”可以成为管理层与审计师确定哪些证券有必要实施较高水平评估的有用工具。

为助于作出此类判断，SAB 第 5M 号议题给出了诸多应予考虑的因素。这些因素并未涵盖在判断非暂时性减值是否存在时应单独或与其他因素联合考虑的所有可能项目中。应予考虑的因素包括：

- 市场价值已经降至成本以下的持续时间与程度；
- 发行人的财务状况与近期前景，包括任何可能影响发行人经营活动的具体事件，譬如将侵蚀投资盈利能力的技术变革或可能影响未来盈利潜力的企业分部终止经营；
- 持有人在一个充分长的时间期间内保留对发行人的投资、以预期市场价值发生任何预期恢复的意愿与能力。

估计预期的价值恢复期间时，应将所有可获取的信息考虑在内。

最后，由于公允价值计量与减值的评估均可能要求作出重大判断，为使投资者理解管理层所作的判断，清晰与透明的披露便显得十分重要。除了当前美国 GAAP 所强制要求的披露外(包括第 157 号公告),SEC 下属公司融资部近期分别于 3 月与 9 月发布信件,为发行人加强公允价值计量对投资者的透明度提供指南。这些信件可在 SEC 网站上获取。此外,SEC 与 FASB 的工作人员将就应用公允价值计量中遇到的问题继续向资本市场参与者展开咨询。

附录 C

针对公允价值会计应用的内部控制

应用最广泛的内部控制设计与审计模型是由发起人组织委员会(Committee of Sponsoring Organizations, COSO)开发的。COSO 模型涵盖五个相互关联的内部控制构成要素。这些构成要素可以从宽泛的视角进行考虑,譬如以整个主体为基础,也可以与主体经营活动的具体方面联系起来考察,譬如按照职能(如人力资源、信息技术等)、所处地区或会计循环(如支付、购置、现金收款、存货等)。

内部控制可以有多重目标。本书强调其在财务报告可靠性层面的目标,尤其是当与公允价值会计概念的应用相关联时。本附录描述 COSO 模型五要素中与公允价值会计相关的内部控制因素示例。

控制环境

控制环境代表一个组织的总体控制观念。“高层基调”这一表述有时用于指代控制环境的某些重要因素。控制环境为其他内部控制要素确立了架构与主旨。具体的控制环境因素则包括以下几项:

- 管理层与董事会的理念及经营风格不包含过度的风险承担与激进的财务报告立场；
- 制定的行为守则中，明确将财务报表舞弊与会计处理不当列为应予以预防并适用惩戒措施的行为；
- 已设立并实施使人信赖的举报体系，员工可据此顺畅地报告违反行为守则的行为而无需担心遭受报复；
- 董事会、审计委员会与独立于管理层的财务委员会被授予履行其职责所必要的工具，恰当地致力并恪守各自监督职责的履行；
- 管理层通过与员工直接交流、强调伦理道德的重要性并树立道德行为的典范，维护工作场所中的道德规范与诚信原则；
- 管理层明确尊重内部审计师及其他负有确定公允价值职责的人员的工作职责；
- 职责分工明确，组织机构完备；
- 在人力资源的政策制定与具体实施过程中，对所有涉及重要会计与财务职能的员工（尤其是涉及公允价值的职位）进行背景审查；
- 承诺向所有涉及公允价值会计应用的员工提供持续培训，确保其具备高水平的技术竞争力。

风险评估

风险评估是识别并评估与主体目标实现相关的风险的程序。与公允价值相关的风险评估因素包括以下项目：

- 为了识别并评估涉及公允价值会计的风险，恰当地分配责任；
- 确定并评估公允价值会计在财务报表中的应用情况；
- 确定并评估对公允价值计量产生影响的外部因素，包括相关市场中报价的下降、新竞争者的进入或竞争者推出新产品以及技术变革；

- 确定并评估可能对公允价值会计或其应用产生影响的法律、规则或会计准则的变化；
- 确定并评估与聘用新员工(包括外部合同工)或引入信息系统相关的风险,这些新加入的人员或新引入的信息系统可能对公允价值会计的应用产生影响。

控制活动

控制活动是实施组织中的具体职能时所适用的政策与程序。这是许多人在被问及内部控制时所认为的内部控制构成要素。涉及控制活动的具体因素包括以下各项：

- 恰当划分职责,譬如将确定公允价值、记录公允价值调整与审阅财务报表的职能相互分离；
- 设计旨在确保管理层不能逾越已建立控制措施的控制程序；
- 实施具有公允价值会计影响的新法律、规则及会计准则的程序已然到位；
- 审阅新出现的重要交易(如企业收购与合并)中公允价值影响的程序已然到位；
- 所有会计分录(尤其是涉及对公允价值账户进行调整的日记账分录)均要求提供相应的支持性文件；
- 定期审阅非金融资产是否出现减值迹象；
- 审阅并核准为确定公允价值所选用的方法及其应用情况；
- 设计有关信息技术硬件与软件的控制措施,预防对所有具有公允价值会计影响的系统进行未经授权的接触,并保留适当的审计轨迹；
- 认真选择并充分监督为确定公允价值而利用的外部顾问及供应商(如第三方估值专家的研究证件、培训经历及相关经验)；

- 审查主体所利用的第三方估值专家的独立性。

信息与交流

信息与交流包括记录并报告主体的交易活动、承担对主体资产与负债受托责任的过程中所采用的程序和所做的记录。信息与交流的构成要素包括：

- 保留所有涉及公允价值会计问题的交易与会计分录的相应支持性文件；
- 可以获取准确且及时的信息，据此作出有关公允价值问题的决定（如有关资产减值、市场状况变化等信息）；
- 与公允价值问题及其确定有关的管理层、工作人员及外部相关方之间存在恰当程度的相互合作关系；
- 向财务委员会、审计委员会与（或）董事会恰当披露并解释相关公允价值问题及其处理方式；
- 为全面研究公允价值之间的比较及其参数而配备充分的资源，为公允价值的计量提供良好基础；
- 为举报者报告不恰当的会计处理（如公允价值会计舞弊）创建充分的交流渠道（如开设热线电话等）；
- 以恰当的方式事先通知员工，必须向负责公允价值计量与减值测试的人员提供相关信息；
- 会计系统可以恰当地收集并报告在遵循公允价值会计准则时所需的信息，包括必须在财务报表附注中披露的所有信息；
- 已建立并实施恰当的记录保存与销毁政策。

监控

监控是指评估各个期间内内部控制质量的程序。这一程序同时对内部控制的设计与操作环节进行评估。监控程序的构成要素可以包含以下几项：

- 持续地对账户进行调整，并审阅这些调整；
- 经常性地比较财务结果与预算情况，并对差异展开调查；
- 将财务业绩与具有相似经营活动的主体进行比较；
- 内部审计对针对公允价值会计应用的内部控制实效作出评估；
- 与主体的外部审计师持续展开适当的交流；
- 对公允价值会计应用领域的内部控制定期展开专项研究；
- 在应用公允价值会计的过程中，对涉及筛选供应商的采购活动定期展开专项审计；
- 对于与公允价值会计应用相关的 IT，定期专项审计其安全性；
- 对于依赖第三方确定公允价值的情形，对第三方的表现进行监督。

参考文献

Association of Certified Fraud Examination. *2008 Report to the Nation on Occupational Fraud and Abuse.* Austin, TX: ACFE, 2008.

Epstein, Barry J., and Eva K. Jermakowicz. *Wiley IFRS 2008, Interpretation and Application of International Financial Reporting Standards.* Hoboken, NJ: John Wiley & Sons, Inc., 2008.

Hitchner, James R. *Financial Valuation, Application and Models*, 2nd ed. Hoboken, NJ: John Wiley & Sons, Inc., 2006.

Pricewaterhouse Coopers, LLP. *IFRS and U. S. GAAP, Similarities and Differences, September 2008*, www. pwc. com/ifrs.

United States Securities and Exchange Commission. *Report and Recommendations Pursuant to Section 133 of the Emergency Economic Stabilization Act of 2008: Study on Mark-to-Market Accounting.* Washington, DC: Office of the Chief Accountant, Division of Corporation Finance, 2008.

关于作者

杰拉德·M·扎克，是注册会计师（CPA）、注册舞弊检验师（CFE）与工商管理硕士（MBA），自1981年开始致力于舞弊防范及调查、审计、培训和内部控制服务。他是马里兰州洛克威尔扎克私人公司（Zack P.C.）的董事长。扎克先生提供舞弊防范与反舞弊培训的主体遍及美国、加拿大以及欧洲，涵盖的主体范围包括小型的地方企业与慈善机构、大型跨国公司、非营利组织以及政府机构。

扎克先生经常受邀在论坛上就舞弊相关议题发表演讲，已为超过五十家会计公司提供有关会计、审计与舞弊问题的定制化内部培训。除了具有注册会计师与注册舞弊检验师的执业身份外，基于丰富的反舞弊经验和对反舞弊事业的贡献，扎克先生被遴选为注册舞弊检验师协会（ACFE）这一拥有45 000名成员的组织中仅有的九位董事之一。同时，扎克先生还为注册欺诈检验师协会的全职员工提供授课服务。

他著有《非营利组织中的舞弊与职权滥用》一书，并在商业企业和政府机构的舞弊防范领域发表了大量文章与演说。扎克先生在宾夕法尼亚州的夕本斯堡大学取得会计学学士学位，并在马里兰州洛约拉大学取得其MBA学位。

有关扎克先生的更多信息，可以访问扎克公司的网站www.zackpc.com。在该网站上，你可以链接至Gerry的博客，他在那里讨论了一些当前环境下的会计与舞弊问题。

索　引

图书在版编目(CIP)数据

公允价值会计舞弊——新全球风险与侦查技术/〔美〕杰拉德·M·扎克(Zack,G.M.)著;陈秧秧译.—上海:复旦大学出版社,2010.6
书名原文:Fair Value Accounting Fraud: New Global Risks and Detection Techniques
ISBN 978-7-309-07289-1

Ⅰ.公… Ⅱ.①杰…②陈… Ⅲ.会计检查-研究 Ⅳ.F231.6

中国版本图书馆 CIP 数据核字(2010)第 091913 号

著作权登记图字:09-2010-153

公允价值会计舞弊——新全球风险与侦查技术
〔美〕杰拉德·M·扎克 著 陈秧秧 译
出品人/贺圣遂 责任编辑/王联合 张咏梅

复旦大学出版社有限公司出版发行
上海市国权路 579 号 邮编:200433
网址:fupnet@fudanpress.com http://www.fudanpress.com
门市零售:86-21-65642857 团体订购:86-21-65118853
外埠邮购:86-21-65109143
上海崇明南海印刷厂

开本 890×1240 1/32 印张 8.625 字数 243 千
2010 年 6 月第 1 版第 1 次印刷
印数 1—4 100

ISBN 978-7-309-07289-1/F·1598
定价:26.00 元